COLLECTION FOLIO

Françoise Giroud

Histoire
d'une femme libre

*Édition établie
par Alix de Saint-André*

Gallimard

Caroline Eliacheff, l'ayant-droit de Françoise Giroud,
et Alix de Saint-André versent leurs droits d'auteur
au « Fonds de dotation Françoise Giroud ».
www.prixfrancoisegiroud.com

Née le 21 septembre 1916, Françoise Giroud fut secrétaire, script-girl, scénariste et assistant-réalisateur avant de devenir journaliste et de fonder *L'Express* avec Jean-Jacques Servan-Schreiber en 1953. Après avoir été secrétaire d'État de la Condition féminine puis de la Culture, elle écrivit une trentaine de livres sans cesser de donner des chroniques aux journaux, jusqu'à sa mort, le 19 janvier 2003.

Préface

En cet été 1960, Françoise Giroud vient de subir le plus grand échec de son existence : sa mort. De nombreux verrous bloquant la porte de sa chambre, une dose plus que létale de poison avalée, le téléphone débranché, elle avait tout prévu afin que la nuit du 11 mai soit vraiment sa dernière... Sauf que deux solides gaillards iraient jusqu'à défoncer une cloison dans le mur pour l'arracher à un coma déjà profond. Furibarde, après avoir essayé de recommencer à l'hôpital avec des couverts mal adaptés, détestant l'amateurisme autant que le ridicule, elle doit se résoudre à accepter sa défaite. Il lui faut vivre.

Plaquée par Jean-Jacques Servan-Schreiber, la passion de sa vie, et virée de *L'Express*, ce journal de combat qu'ils avaient fondé ensemble, en brave petit soldat, elle repart pour la guerre avec la seule arme dont elle dispose : sa machine à écrire.

Seule, au soleil de la Méditerranée, dans un état épouvantable, convalescente et ravagée, elle s'arrache un texte qu'elle qualifiera, quarante ans après, de « hurlant » et « sauvage », ajoutant : « J'ai eu conscience qu'il ne fallait pas publier cela, qu'il ne faut pas toujours rendre public ce qu'on écrit... » Elle ne changea pas d'avis.

Dans ses livres ultérieurs, revenant sur cet épisode, elle expliqua son suicide par sa rupture, une « séparation intolérable », et cette rupture par le désir de Jean-Jacques d'avoir des enfants. Sa première femme, Madeleine, étant stérile, et une méchante opération empêchant Françoise de lui donner d'autre progéniture que cet enfant de papier, il l'avait quittée pour épouser une jeune fille, Sabine. Et comme, un an plus tard, Jean-Jacques avait rendu à Françoise sinon son amour, du moins la garde de leur petit en la réinstallant à la tête de *L'Express*, l'affaire semblait classée.

Quant au texte « sauvage » de l'été 1960, avait-il seulement existé ? Sa fille, Caroline Eliacheff, se revoit à Capri, où elles avaient atterri toutes les deux au mois d'août, en hélicoptère, dans un hôtel chic, avec Françoise, toujours arrimée à sa machine. Âgée de treize ans, elle l'avait lu en cachette...

Florence Malraux, en revanche, était une lectrice tout à fait officielle. Françoise gardait une totale confiance dans le jugement critique de sa collaboratrice partie travailler dans le cinéma, et l'avait invitée dans sa maison de Gambais, à soixante kilomètres de Paris, où elle s'était réfugiée ensuite avec sa sœur, pour solliciter son avis. Elle ne fut pas déçue du voyage : Florence trouva le texte impubliable et le lui dit franchement. Françoise accepta son verdict sans protester, et leurs excellentes relations n'en furent pas affectées — tout comme elle conserva intacte son amitié au regretté François Erval, futur éditeur, arrivé, paraît-il, aux mêmes conclusions... Sur le fond de l'histoire, les souvenirs de Florence étaient aussi flous que ceux de Caroline, mais sur la forme, elle restait formelle : le texte était mauvais. Sans qualités esthétiques, gênant, indiscret...

Ce manuscrit, inédit jusqu'à la mort de Françoise Giroud, le 19 janvier 2003, fut ensuite considéré comme disparu dans la grande lessive de ses archives. Et l'on était presque soulagé de lire, sous la plume de sa dernière biographe, Laure Adler, qu'il n'en restait pas trace. Pourquoi pleurerait-on, en effet, la disparition d'une œuvre à la fois inintelligible et ratée ? Même si ces critères ne sont pas forcément rédhibitoires de nos jours.

La légende voulant que Françoise ait détruit ses documents personnels est d'autant plus solide qu'elle y a contribué... Dans son journal du vendredi 28 juin 1996, elle se décrit ainsi en train de trier ses papiers : « Il y en a tant et tant, accumulés depuis des années, que je suis d'abord découragée. Mais je ne veux pas qu'après moi un biographe fureteur puisse tomber sur ces dizaines de lettres, ces monceaux de dossiers et en faire son miel... Alors je jette. Des cartons entiers y passent, des lettres qui m'ont été précieuses parce qu'elles disaient l'amitié, parfois l'amour... Mais on ne retient pas la vie qui s'en va. Un classeur plein me nargue. Vais-je m'attaquer à lui ? J'indique seulement à Caroline que ce qu'il contient est à détruire. J'ai confiance en elle. Je sais qu'elle le fera. » À la fin, elle conclut : « Le passé est balayé, je me sens plus légère. »

Or, cinq ans plus tard, le 8 juin 2001, cinq cartons de livres et dix-neuf boîtes d'archives partaient pour l'IMEC... Dans *Profession journaliste*, un livre d'entretiens menés ce printemps-là, Françoise explique à Martine de Rabaudy que le passé l'encombre et qu'elle vient de s'en débarrasser en confiant ses archives, textes et photos, à un organisme en charge de les classer et de les conserver : « Vous n'imaginez pas mon soulagement lorsque j'ai vu tous ces cartons quitter définitivement mon appartement ! » Après sa mort, sa fille, Caroline, ajouta à ce legs le peu qui était resté au domicile de Françoise, soit ses livres et la collection complète de *L'Express* jusqu'en 1972, à l'exception d'un seul dossier qu'elle a gardé chez elle.

Aujourd'hui, il suffit de jeter un œil sur l'inventaire de ces archives, gros volume de deux cent cinquante pages, pour constater que, question balayage du passé, Françoise n'était pas la reine du ménage ! Sans doute y en avait-il davantage à l'origine, mais les quelque vingt-cinq boîtes qu'elle a laissées contiennent une correspondance privée et familiale, dont les lettres d'Algérie de Jean-Jacques déposées dès le début, des journaux intimes, des cheveux de sa mère, des carnets de son père, des palanquées de photos de sa famille ottomane et d'amis, sans compter, évidemment, les œuvres publiées...

Après les horreurs d'une première biographie, qui défigura Françoise, et les erreurs de la deuxième, je décidai de partir à la recherche de ma vieille amie disparue, et d'aller farfouiller dans ces papiers qu'elle avait laissés à notre disposition. Avec la bénédiction de sa fille, Caroline.

L'abbaye d'Ardenne, qui abrite les archives de l'IMEC, est un curieux mélange de Moyen Âge et de modernité. Dans la banlieue de Caen, à côté du crématorium, elle forme un ensemble de bâtiments conventuels disparates, bombardés et restaurés, dont une église gothique aménagée en bibliothèque grâce au génie des architectes contemporains qui aiment percher les livres sur des cimes éclairées. Néanmoins, puisque leur conservation exige, au contraire, comme celle du vin, ombre et humidité, on a creusé à côté une cave pour abriter archives et archivistes dans une espèce de bunker semi-circulaire en forme de tuyau.

Stéphanie Lamache, chargée de traiter les cartons de Françoise après le pré-inventaire de 2002, a passé neuf mois à ouvrir des boîtes, à lire des documents, et à les trier pour aboutir à un classement structuré permettant de rendre compte de l'œuvre. N'étant pas biographe, elle a introduit, sans complexe, dans la section *Françoise Giroud, auteur écrivain*, entre récits, romans, nouvelles, théâtre, scénarios, essais, conférences, entretiens, œuvre musicale ou journal intime, une rubrique « autobiographie », où figure ce titre : *Histoire d'une femme libre*. Quid ?

Dans sa présentation du fonds, qui commence par « Après avoir été tour à tour chansonnière, scénariste et dialoguiste, la toute jeune Françoise Giroud fit son entrée dans le monde de la presse », vision fondée à partir de l'œuvre et non de la vie, et où ce « chansonnière » est ravissant, elle signale l'existence de cet « inédit au titre évocateur » de 1960. Ce qui correspond, à la page 6 du catalogue, à trois dossiers dont la date attribuée est 1960, et plus précisément : juillet 1960-septembre 1960. Nous y voilà ! Ce fameux inédit n'avait pas disparu ! Il existe même sous deux versions, et une troisième, qui est une photocopie de la deuxième, reliée...

Pourquoi Laure Adler ne l'a-t-elle pas vu ? Mystère. Sans doute l'éternel principe de la lettre volée... Tous les amateurs de romans policiers le savent : rien de mieux caché que ce qu'on a sous le nez. Reste à savoir ce que cela vaut... Mais ne serait-ce que d'un point de vue documentaire sur l'état d'esprit de Françoise et la véritable histoire de son suicide, son intérêt saute aux yeux.

Chaque dossier doit être remis dans l'ordre où on l'a trouvé. Mystérieusement, la chemise *Histoire d'une femme libre I* commence par le feuillet 45 où apparaît l'expression « lettres anonymes »... Suivie de l'exergue sur le tremblement de terre au Chili, et du premier chapitre : « Je suis une femme libre. J'ai été, donc je sais être une femme heureuse. Qu'y a-t-il de plus rare au monde ? » Pas mauvais du tout, à ce qu'il me semble, parce que les lois régissant les archives en France, interdisant la photocopie intégrale des documents, transforment le lecteur avec son ordinateur en moine copiste aussi moyenâgeux que le décor ; l'épuisante fidélité à cette tâche ingrate reporte la bonne intelligence du texte à plus tard...

De ce premier chapitre, on saute sans transition à un récit intime, précédant son suicide, où Françoise a rebaptisé Jean-Jacques : Blaise. Les feuillets ne sont pas toujours forcément dans l'ordre, mais il y est question de la mort de sa mère, de la psychanalyse de Jean-Jacques et d'avortement qui donnent un tout autre éclairage, bouleversant, révélateur d'une vraie dépression, mais impubliable, effectivement, à l'époque... Cette courte version était — déjà — plus longue que celle que Florence Malraux se rappelait avoir lue...

Dans la deuxième, l'orchestration est faite. Françoise y raconte sa vie, après le même premier chapitre, mais centrée autour d'une vilénie, pas

14

explicitée, dont on va l'accuser à tort, comme la directrice de la pension l'avait accusée dans sa jeunesse d'avoir fait le mur, la sachant innocente, simplement parce qu'elle était pauvre, et donc punissable, contrairement à la riche élève coupable... Tous les lieux et les personnages y sont sous leur vrai nom, à part Jean-Jacques Servan-Schreiber qu'elle a divisé en deux personnages : le sien, sous son nom, directeur de *L'Express*, et Blaise, son amour. Normal que Caroline ait trouvé ça bizarre. Elle a dû soupçonner sa mère d'avoir mené une double vie avec l'homme invisible...

Une lettre de Charles Gombault, ami et directeur de la rédaction de *France-Soir*, du 14 octobre 1960, liée au dossier, explique à Françoise pourquoi il trouve ce manuscrit impubliable : l'artifice ne tient pas, rendant certains passages incohérents, dont son départ de *L'Express* que tout le monde attribue à sa rupture ; ses réserves contre son journal seraient mal prises à un moment où il est encore en danger, et ce récit, trop intime, ressemble plus à une psychanalyse qu'au reportage ou à l'autobiographie qu'il prétend être.

Toutes ces raisons n'ont plus lieu d'exister aujourd'hui. *L'Express* est un adulte prospère, et les biographes sont déjà allés au-delà de toute indiscrétion en ce qui concernait la vie privée de Françoise. Il suffirait de remplacer Blaise par Jean-Jacques et de rétablir le récit originel de la crise...

Le déchiffrage de ses carnets permet de comprendre la genèse du texte : au départ, le brouillon d'une longue lettre à Jean-Jacques Servan-Schreiber à qui son médecin lui avait conseillé d'écrire ce qu'elle n'arrivait pas à lui dire, et qui, très vite, se transforme en un récit de sa vie entière... De tout ce qu'elle n'a jamais pu lui dire, — et qu'elle n'a sans doute jamais dit à personne —, Françoise choisit de faire un livre qu'elle commence, sous le titre *Histoire d'une femme libre*, au dos du même cahier.

Est-ce aussi bon que je le pense ? Meilleur, de toute façon, que ce qu'on a pu écrire sur elle. Et surtout, j'ai l'impression, à nouveau, enfin, d'entendre sa voix, à la recherche de la vérité, de sa vérité, au milieu d'une tourmente extrême. De retrouver Françoise... À force de copier, je n'ai plus les yeux en face des trous en rentrant à Paris raconter tout cela à Caroline Eliacheff, sa fille et aussi la seule personne en qui Françoise avait toute confiance.

En tant que déposante ayant-droit, elle a droit à toutes les photocopies du monde, et la compatissante Claire Giraudeau accéléra pour nous le rythme solennel des archives. Livrées à Pont-l'Évêque, elles seront vite lues, en entier, par Caroline... Reconnaissant d'emblée l'ADN de Françoise à chaque phrase, elle est d'accord pour faire un montage de la meilleure version.

Manque un vrai regard extérieur, littéraire et professionnel : notre cher Jean-Marie Laclavetine, super-coquentieux écrivain et éditeur, ancré à Tours, loin du parisianisme, de ses ors et de ses pompes. Il n'a jamais lu un seul livre de Françoise Giroud ; il en sort ému et passionné : il a rencontré une femme... Grâce à lui, elle retrouvera Gallimard, la maison de ses débuts.

Voici donc la toute première autobiographie de Françoise Giroud. L'exercice ne lui est pas encore familier ; elle y reviendra, plus tard et autrement, l'âme harmonisée par son analyse. Toujours aussi incapable de confidences, elle en gardera aussi le pli de confier le plus intime d'elle-même à ses lecteurs plutôt qu'aux oreilles de ses proches...

Pour l'heure, elle n'a ni intérêt pour le passé, ni goût pour l'introspection, et ne croit même pas vraiment à la vertu thérapeutique de cet exercice qui lui a été recommandé par le « médecin de l'esprit subtil et bon » qui la soigne. Mais elle aime la bagarre avec les mots ; elle n'y est pas mauvaise, et c'est la seule qui lui reste, dans cet été du milieu de sa vie, pour partir à la recherche d'elle-même. Avec son grand courage.

Voici Françoise, telle que nous l'avons aimée, et telle que nous l'aimons.

ALIX DE SAINT-ANDRÉ

HISTOIRE
D'UNE FEMME LIBRE

Le cataclysme de ces derniers jours a complètement bouleversé la physionomie du Chili. De nouvelles montagnes, trois volcans, des rivières ont fait leur apparition. Des lacs ont disparu. Des vallées ont été comblées tandis que d'autres se formaient. Des îles ont sombré dans la mer, d'autres ont émergé[1].

Dépêche A.F.P. du 27 mai 1960

1. Le 22 mai 1960 le tremblement de terre de Valdivia, au Chili, d'une magnitude de 9,5 sur l'échelle de Richter encore jamais atteinte, entraîna un tsunami jusqu'au Japon et causa 3 000 morts.

Je suis une femme libre. J'ai été, donc je sais être, une femme heureuse... Qu'y a-t-il de plus rare au monde ?

Cela est dit sans orgueil, mais avec gratitude à l'égard de ceux qui m'ont aidée à me construire ainsi. Car, pour la liberté, j'avais des aptitudes mais peu de dons pour le bonheur.

Ma liberté, j'en connais la limite. Je l'ai touchée le jour où j'ai voulu abréger ma vie pour sortir d'un camp de concentration où je m'étais enfermée, et dont je ne trouvais pas l'issue. J'ai étrangement échoué, en dépit d'une bonne organisation. Choisir sa mort, l'heure et la forme de sa mort, c'est cependant l'expression la plus pure de la liberté. Elle m'a été interdite.

Le bonheur, je l'ai reçu ; je l'ai nourri ; je l'ai poncé, poli, aiguisé... Et puis j'ai dû le rendre. J'abusais. En recevrai-je un autre et de quelle nature ?

Liberté et bonheur sont des états violents qui exigent, pour les soutenir, une santé robuste. J'ai perdu la mienne. Désormais frileuse, fragile, atteinte dans mes forces vives, il se peut qu'en tous domaines, je cherche havre. Je ne le ressentirais pas comme un échec. Être libre, c'est aussi accepter de perdre. Cela n'ôtera rien à ce qui fut, et à ce qui peut être pour d'autres que pour moi.

J'ai atteint l'été de ma vie[1]. J'y suis provisoirement seule. Sur la terrasse de la maison que l'on m'a prêtée pour quelques semaines[2] et qui cerne la chambre où j'écris, un petit garçon blond, qui ne m'appartient pas, chantonne. Il fait bondir et rebondir un camion dont les roues grincent sur les dalles roses.

Ce bruit me harcèle, et il le sait. Entre nous se joue une épreuve de force. Il voudrait que je lui ouvre ma porte. Je voudrais qu'il me laisse travailler.

Quand je lève les yeux, je le vois, grave et doré, se découpant sur la mer.

C'est un vrai petit garçon. Il considère que les femmes sont faites pour satisfaire à ses vœux.

Je ne t'ouvrirai pas, Fabrice. Tu es beau, tu me plais, tu es doux et salé et chaud, avec un peu de sable dans tes oreilles, mais je ne t'ouvrirai pas. Je redoute les épreuves de force, je les fuis, mais lorsqu'on me les impose, je tiens le dernier quart d'heure.

1. Elle va avoir quarante-quatre ans.
2. « La Fossette », maison d'Hélène et Pierre Lazareff près du Lavandou, dans le Var.
[Une seule note, signalée, p. 160, est de Françoise Giroud. Toutes les autres sont d'Alix de Saint-André.]

C'est très fatigant, mais c'est tout ce que je sais faire.

Il y a des gens qui sont allés très longtemps à l'école, d'autres auxquels on a enseigné l'équitation, le tennis, le ski. Parfois, ce sont les mêmes.

Il y a des gens qui savent entrer dans un restaurant et dire : « Cette table est réservée ? Pour qui ? Ça ne fait rien, je la prends ! » Et d'autres qui font ainsi avec la femme de leurs amis. Souvent, ce sont les mêmes.

Il y a des gens, oui, il y a des gens qui ont beaucoup d'esprit, ou beaucoup d'argent ; et d'autres qui arrivent toujours les premiers parce qu'ils ne respectent aucune sorte de feux rouges.

J'ai rêvé parfois de leur ressembler. Mais il faut commencer très tôt. Et mes débuts furent un peu différents.

Le jour de ma naissance, mon père m'a jetée par terre. Il voulait un fils. Puis, il s'est rendu au consulat de Turquie à Genève où il a déclaré d'une voix forte la venue au monde d'un enfant de sexe, hélas, féminin, qui porterait, que cela plaise ou pas, un beau nom : France[1].

Cela ne plut pas. L'Empire ottoman avait été engagé dans la guerre aux côtés de l'Allemagne. Mon père, ardent animateur de l'opposition à un pouvoir corrompu et corrupteur, était condamné à mort dans son pays. Réfugié

1. France Léa Gourdji est née le 21 septembre 1916 à Lausanne. Pour faire de la radio, en 1937, André Gillois lui inventa l'anagramme-pseudonyme de Françoise Giroud, plus euphonique. Son changement de nom fut officialisé en 1964.

politique, dépouillé de tous ses biens parce que, élevé en France, marié en France, il avait refusé d'inféoder son entreprise — l'Agence télégraphique d'information — à l'allié allemand, mon père fut inébranlable.

Ainsi, dès les premiers jours de mon existence, je fus placée sous le signe de la culpabilité et de la rébellion : coupable d'être fille, rebelle aux pouvoirs. Je crains qu'il m'en soit resté quelque chose.

Quant à l'image reçue par une enfant, d'une nation que plusieurs hommes de sa famille, fort conformistes par ailleurs, ont choisi de servir, je n'ose guère la décrire. Vous n'y reconnaîtriez pas votre France. Mon père n'en était pas le fils. Il en était l'amant. Il est mort à quarante ans, dans des circonstances dramatiques, qui me furent dissimulées. On me raconta qu'il était en voyage[1].

Ainsi, le premier homme que j'ai aimé a disparu de mon univers sensible dans toute la gloire de sa jeunesse, et sans que j'aie jamais pu confronter sa magie avec sa réalité.

Il est entré dans le folklore familial, beau, courageux, brillant. Intact. Je n'ai pas souvenir de

1. Salih Gourdji le père de Françoise, est mort de la syphilis, le 9 février 1927, à l'hôpital psychiatrique de Ville-Évrard (Neuilly-sur-Marne) où il était interné depuis deux ans. Marié avec Elda Faragi, le 17 septembre 1908 à Paris, où il fonda le journal *La Turquie nouvelle*, il n'arriva jamais à récupérer son agence de presse stambouliote, nationalisée, et donna des conférences antigermaniques pendant toute la guerre de 1914-1918 jusqu'à New York, où il essaya même, sans succès, de s'enrôler dans l'armée américaine.

l'avoir jamais vu ébouriffé, non rasé, émergeant d'un lit défait en pyjama froissé. Il ne m'est jamais apparu bretelles pendantes ou paupières bouffies, inspectant ses dents devant une glace. L'état de ses intestins, de son foie ou de ses pieds n'a jamais fait l'objet de commentaires que j'ai pu entendre. Je ne l'ai jamais vu ni vieillir ni se dégrader. Il a traversé ma première enfance comme une étoile filante, résolu à éclairer un monde nouveau et persuadé que d'autres, sinon lui, le verraient. Mais à l'inverse des progressistes divers qu'il m'a été donné de connaître, il n'était que gaieté.

Je ne possède qu'une preuve concrète de sa matérialité : le premier numéro du journal qu'il fonda à Paris, en 1908. Pour le reste, je ne puis dire que ma vérité. À cause de la fugitive présence de ce père, l'Homme s'est identifié pour moi non pas à l'expression de l'autorité bougonne et velue, mais à celle de la grâce physique mêlée d'audace et de fantaisie. Il a paré les hommes à mes yeux d'un habit de lumière que je reconnais dès que l'un d'eux le porte. Albert Camus en était revêtu.

Homme, corps clos et dur, arbre fin tendu vers le ciel pour y décrocher la lune à la barbe des dieux, arbre parfois foudroyé, parfois abattu... Car ces hommes-là sont faits pour mourir de bonne heure ; souvent ils le savent. Lorsque leur enveloppe charnelle s'attarde sur la terre, ils continuent à s'agiter, mais lumière éteinte. Ceux qui réussissent à contourner leurs années quarante sans y laisser ce qui les tenait éclairés sont rares. Il y en a cependant. J'en connais. J'ai tant erré à travers les hommes, peinant à vivre la contradiction où les prémices de mon destin m'ont tenue enfermée : petite fille sans père — c'est peu de dire que jamais il ne fut auprès de ma mère, remplacé —, j'ai âprement cherché la protection qui m'avait été dérobée. Petite fille rebelle, je n'ai jamais su la solliciter, ni même, peut-être, la recevoir.

Enfant rejetée par la bourgeoisie dont j'étais issue, parce que mon milieu d'origine n'aimait pas les pauvres, sinon pour en user, j'ai âprement cherché à y retrouver une place. Enfant d'un rebelle, j'ai toujours fui au moment de m'y intégrer et d'en accepter les lois.

Enfin, parce que l'arbre de la maison était mort et que ma mère en souffrait tant, elle qui était une femme authentique, racines poussant loin dans la terre, humus fertile, sac d'entrailles, sac de velours, j'ai voulu, pour elle, tendre, moi, vers le ciel, et lui rendre ainsi ce compagnon perdu auquel elle pouvait donner sa sève.

Ainsi ai-je vécu, garçon le jour, fille la nuit, androgyne ombrageux, me conduisant obstinément tant à l'égard des hommes qu'à celui de la société comme le loup de la fable, celui qui envie le chien pour la sécurité que lui donne son maître, pour la niche chaude et la pâtée prête, mais qui, découvrant au cou du chien la trace du collier, reprend, affamé, solitaire mais libre, le chemin de la forêt.

Mon premier choc conscient avec la chaîne du chien se situe à douze ans. En pension.

Le dernier résonne encore.

Ils se répondent étrangement.

À douze ans, je suis pensionnaire... Ma mère a englouti les débris de sa fortune dans l'exploitation extravagante d'une propriété de Seine-et-Oise qu'elle a transformée en hôtel[1]. Étrange hôtel où la patronne ne se résout pas à présenter la note lorsqu'un client néglige de la réclamer...

Le week-end n'est pas encore, il s'en faut, une institution nationale. Ceux qui viennent chez nous sont presque tous des amis des temps anciens, gênés d'afficher leur aisance aux yeux de cette jeune femme soucieuse. Car elle ne sait pas travailler. Elle ne saura jamais. Le commerce est un don. L'hôtellerie, un métier. Les dons, ma mère les a tous, y compris la beauté.

Je ne lui ressemble pas. Il y a dans ma personne quelque chose de ramassé, de compact, de court. Elle était tout en lignes longues et déliées, avec cette grâce de tulipe qui pare quelquefois les

1. Le château vieux à Groslay, dans l'actuelle Seine-et-Marne, est devenu une maison de retraite pour religieuses.

31

femmes très grandes et timides lorsque, jeunes filles, elles ont été empêtrées par leur taille.

À vingt ans comme à soixante-dix, fréquentant les bonnes maisons ou cousant elle-même, elle s'habillera toujours avec un sens inné de l'élégance et de la mode. Mais ce don-là, pas plus que les autres, elle ne saura l'exploiter. C'est un amateur de génie, mais un amateur.

Sous couleur de l'aider, quatre membres de notre famille sont installés là, à demeure. Il faut les entretenir, les subir, les servir. Ma grand-mère, qui se croit fortunée parce qu'elle évalue ses rentes en francs de 1914, mobilise à elle seule une femme de chambre chargée, tous les après-midi, de lui brosser longuement les cheveux.

Ma grand-mère[1] est un monstre qui se nourrit de côtelettes d'agneau et qui s'abreuve du sang de ma mère. Je la hais. Elle ne vit pas, elle règne. Elle n'appelle pas, elle sonne. Le pire est que, devant elle, les domestiques rampent.

Elle a l'art souverain du commandement. Jamais on ne l'a vue courber sa taille, haute et droite, pour ramasser un mouchoir. Son mari était colonel. Toute sa vie, elle a eu quelque ordonnance à martyriser. Toute sa vie, elle a nié l'existence des autres, sinon pour en faire les serviteurs de ses besoins et ses partenaires au bridge.

1. Léa Faraggi, née à Constantinople (Istanbul) en 1859, est arrivée à Paris en 1919. Son mari Élias, médecin-colonel dans la Marine, était mort depuis 1904.

À neuf ans, je serai grâce à elle une excellente joueuse de bridge. À neuf ans et demi, je livrerai contre elle et contre tout ce qu'elle incarne mon premier combat en refusant, purement et simplement, de servir de « quatrième » un jour de disette. Je vois encore la scène, sans parvenir à la situer géographiquement.

Je suis très petite. Ma grand-mère est très grande. Nous sommes l'une et l'autre debout devant une cheminée. J'ai dit : « Non, je ne jouerai pas », et maintenant je tremble. Ma chaussette a glissé, mais je sens que je ne dois pas me baisser pour la remonter, que physiquement je ne dois pas me baisser.

Ma grand-mère me regarde, froide. Une chevelure d'argent la couronne. C'est une reine. J'ai défié la reine.

Elle n'a jamais porté la main sur moi. Ce n'est pas dans sa manière. C'est avec la voix qu'elle cingle. J'attends. J'ai peur. Si elle en appelle à Maman, je serai obligée de céder. Maman que tout le monde persécute, Maman intrépide et si tendre, Maman seule et si douce, Maman, je ne te ferai pas de peine ; je ne te ferai jamais de peine…

Mais le silence se prolonge. Que se passe-t-il dans la tête de la vieille dame ? Lubie ? Intuition de ceux qui savent se faire obéir devant la résistance qu'ils ne réduiront pas ? Ou simplement morsure de l'âge ?

Les deux témoins se tiennent cois. Je répète : « Je ne jouerai pas. Je ne jouerai plus. » Et puis, je quitte la pièce en prenant bien garde de marcher lentement, tandis que l'élastique de ma deuxième chaussette cède.

Depuis cet éclat, je n'ai jamais participé à une partie de bridge, et je touche rarement une carte.

J'ai fait vivre ma grand-mère le plus dignement possible jusqu'à la fin de ses jours, qui se terminèrent dans un couvent de province où elle est morte confite en dévotion. Mais je n'ai jamais cessé de la haïr. La vérité m'oblige à dire qu'elle ne s'en est jamais souciée.

Lorsque la débâcle engloutit l'hôtel, livré aux créanciers las d'être impayés, Maman se réjouit presque. D'ailleurs, elle a de grands projets. Quand n'a-t-elle pas eu de grands projets ?

Dans l'immédiat, nous réintégrons l'appartement qu'elle a conservé à Paris. J'ai connu cet appartement sur deux étages, puis sur un, puis réduit à deux chambres pour notre usage, les autres pièces étant sous-louées. Les tapis d'Orient se sont évanouis avec la cuisinière, la femme de chambre et la gouvernante anglaise, sans me laisser de regrets. Au contraire.

Les repas à la cuisine, où Maman déploie son habituel talent créateur — des plats savoureux, toujours improvisés, dont elle ne saura jamais communiquer la recette —, sont plus gais que ceux où, dans une stricte salle à manger, Miss O'Neill nous impose le silence et le dos droit.

Les tâches ménagères manquent d'attrait. Mais à trois, ménage, lessive, repassage, cela s'expédie vivement. Et puis, tout en travaillant, Maman invente un système pour suspendre les torchons, une nouvelle coiffure pour ma sœur, ou les paroles d'une chanson satirique sur tel ou tel de mes oncles. C'est que, à l'inverse de la plupart des femmes qui ont eu des malheurs, elle ne gémit jamais en évoquant le passé, pas plus qu'elle ne l'enjolive ou se drape dans une dignité douloureuse. La vie, pour elle, c'est demain. Et demain sera beau.

Jamais elle ne se tiendra ni ne s'acceptera vaincue par l'adversité. Les ressources de son courage, de son optimisme et de son imagination resteront, jusqu'à son dernier souffle, inépuisables.

Si elle avait accepté de jouer le rôle que les familles bourgeoises d'alors réservaient à leurs moutons noirs, mi-dame de compagnie, mi-souffre-douleur, tout eût été plus simple sans doute. Et nous, les enfants, aurions hérité des robes usées par mes tantes, partagé les vacances de nos cousins…

Cela ne nous a pas été complètement épargné, mais presque.

Il y a trois clans dans notre famille qui réunira parfois, lors de déjeuners anniversaires, près de cent personnes, de l'aïeule au dernier-né.

Dans le clan paternel, les hommes semblent victimes d'un sombre sortilège. Presque tous les frères de mon père mourront jeunes et, à leur tour, leurs fils uniques disparaîtront tragiquement.

Enfant, j'ai jugé que le clan se conduisait mal à l'égard de ma mère et, à quatorze ans, j'ai fait serment de ne jamais solliciter ou accepter son appui. Serment tenu. Je n'ai d'ailleurs jamais revu un seul de ses membres.

Le clan maternel est divisé en deux branches. De l'une à l'autre, on ne s'estime guère.

Ma grand-mère est nantie d'une kyrielle de sœurs, taillées pour la plupart sur le même modèle. Belles, impérieuses, fortes femmes, les unes prospères, les autres assumant de besogneux époux, mais toutes insupportables parce qu'elles ne savent où employer leur activité. La culture ne les étouffe pas. Le tact non plus. Elles ne débordent que d'énergie. Ce sont de redoutables interventionnistes, toujours prêtes à prendre la vie des autres en main. Quelques variétés de cancer et les camps de concentration[1] ont liquidé ces indomptables personnes.

Leurs filles, mieux adaptées à leur époque, se distingueront lorsque ce que l'on appellera malchance les contraindra à prendre un métier.

L'un de mes grands-oncles a édifié une fortune et règne en souverain sur ce turbulent gynécée. C'est lui qui déclarera un jour, superbe : « Moi vivant, jamais une femme ne travaillera dans ma famille. »

Lui mort, l'héritage qu'il laisse provoquera de

---

1. Léa Faraggi était née Nahmias. Sa sœur, Emma, épouse Enriquez, a été arrêtée à Nice et déportée à Auschwitz dans le convoi 60, à partir de Drancy. Toute la famille était juive.

telles dissensions que son homme de confiance finira par s'y tailler la part du lion.

La branche grand-paternelle fournit des rameaux d'une tout autre espèce. On y vit modestement mais on a dix mille vers en mémoire que l'on récite à tue-tête, et le goût des mathématiques. On y cultive, même en vieillissant, mœurs et mentalité d'étudiant, on a l'esprit généreux, la Légion d'honneur à titre militaire, le cœur large et le revenu maigre.

Ceux-ci aideront ma mère du mieux qu'ils pourront mais, à tous égards, leurs moyens sont faibles. Ils rêvent plus qu'ils n'agissent. Du moins ma sœur et moi trouverons-nous toujours chez eux un accueil également affectueux, dans les pires comme dans les meilleures périodes de notre existence.

Les trois branches ne se rejoignent que sur un point : pour considérer que ma mère est folle. Les premiers le diront avec hargne, les seconds avec hauteur, les troisièmes avec tristesse. Mais, en bref, elle est folle. Pourquoi ? Parce que, inapte à la résignation comme à la délectation morose, elle nous dispense et nous enseigne, dans trop de domaines, le luxe.

Luxe de l'impertinence, à l'égard de nos oncles dont elle nous laisse libres de refuser les bienfaits ; luxe de la liberté d'opinion politique, matière qui, par tradition, la passionne ; luxe de l'hospitalité. Dans les jours les plus noirs, il y aura toujours du monde autour de la table, autour de la salamandre, autour de la machine à coudre.

Luxe de l'imprévoyance : il reste des dettes et vingt francs pour attendre la prochaine rentrée d'argent ? Dix francs se transformeront en un coupon de faille où l'on taillera à ma sœur, pour ses dix-huit ans, une robe du soir que mes tantes empanachées ne digéreront jamais ; et dix autres francs s'investiront en un Balzac complet, « parce qu'il faut absolument que les enfants lisent Balzac de bonne heure ».

Luxe de l'esthétique : dans les logements les plus sordides, Maman, marteau et pinceaux à la main, abat les cloisons, repeint les plafonds, scie les pieds des meubles, plante des clous et crée un décor.

Les visiteurs, qui arrivent chez nous au bout de trois ou quatre étages poussiéreux, s'écrient, surpris :

— Mais c'est joli, ici !

Et plus tard :

— On est bien, chez vous...

On est toujours bien là où passe Maman ; la laideur fond à sa flamme, sur les murs comme sur les visages.

Luxe de l'espoir, enfin : le présent est sombre, mais il porte le futur où les projets les plus grandioses seront, à coup sûr, réalisés.

Le plus fou de ces projets, me concernant, consistera à me vouloir violoniste virtuose et à me faire apprendre, à prix d'or, le maniement de cet instrument parce qu'il y a eu, autrefois, le drame du Piano.

Le Piano est un grand Bechstein de concert,

un bel animal noir, doux et luisant, avec lequel j'ai joué dès que j'ai découvert l'existence de mes doigts, comme les petits enfants jouent avec les gros chiens.

À quatre ans, j'ai la certitude qu'un pacte nous lie. Quand les autres enfants le touchent, il aboie. À moi, il répond poliment. Il reproduit toutes les mélodies que j'ai entendues.

Pour ma sœur, qui a six ans de plus que moi et dont les vertes années ont été empoisonnées par les leçons de Mme Marguerite Long — que celle-ci me pardonne —, le Piano est un instrument de supplice. Elle a du goût pour la musique, mais à condition que d'autres se chargent de la produire.

J'entretiens avec le Piano une relation toute différente. C'est entre ses pattes que je me cache le soir pour que l'on oublie de m'envoyer au lit. Il est en même temps mon toit et mon plus ancien compagnon de jeux. Un soir, il disparaît, enjeu de je ne sais quel procès.

Depuis qu'on m'a pris le Piano, je crains de m'attacher aux objets. J'en apprécie la beauté ou l'utilité. Je m'en sers ; je ne puis leur donner mon cœur. C'est une grande chance que cette liberté si tôt conquise, si l'on songe au nombre de gens qui se sont fait tuer pour ne pas perdre leur buffet ou leur pipe.

Mais, fût-ce sans le Piano, et avec violon, je suis heureuse dans la chaleur de ma mère et de ma sœur lorsque le destin me repère.

La directrice de l'institution pour jeunes filles

dont j'ai suivi deux ans les cours a fait savoir qu'elle aurait plaisir à m'héberger gratuitement. Ma mère accepte avec reconnaissance. Et le cirque commence.

Jusque-là, je n'ai connu de cet honorable établissement que les heures de classe. Je l'ai fréquenté en externe, moyennant une redevance régulière.

Dès la première semaine d'internat, je suis confrontée avec ma nouvelle condition. La coutume veut que l'on s'habille tous les soirs pour dîner. Je n'ai pas deux robes adéquates ; j'en ai une. Le quatrième soir s'amorce entre mes deux compagnes de chambre — une Canadienne, Maida, et une Américaine, June — le dialogue qu'elles développeront désormais quotidiennement :

— Qu'est-ce que tu mets pour dîner ?

— Ma robe rouge. Et toi ?

— Ma robe bleue. Et France ?

— On va choisir pour elle.

Maida ouvre mon armoire :

— Où sont tes robes, France ?

— Moi, dit June, je crois qu'elle les a laissées dans sa valise. Il faut regarder.

June extirpe ma valise du placard où pend, solitaire, ma robe. C'est un grand « nécessaire » de cuir noir, chiffré aux initiales de mon père, fatigué mais superbe avec ses flacons d'argent. Devant ce monument édenté, car un flacon sur deux manque, la petite Américaine est saisie par le fou rire. Je le lui arrache des mains sauvagement.

La valise réintègre le placard. C'est fini pour ce soir. Demain, on recommencera le jeu avec des variantes.

Maurice Druon, ouvrant un jour, par mégarde, la porte de ma penderie, s'écria stupéfait : « Mais vous êtes la femme la plus frivole de Paris ! »

June et Maida n'y sont pas étrangères.

Toutes ces petites demoiselles jouent au tennis et font de l'escrime avec un général en retraite requis pour la circonstance.

Je n'ai pas de raquette ; je n'ai pas de jupe blanche et moins encore de fleuret. Pendant les heures consacrées à ces exercices, je les regarde. Rapide, dure, je suis bâtie pour le sport. En classe de gymnastique, je cherche ma revanche au prix d'efforts et de risques fous. Je dois sauter plus haut, courir plus longtemps, grimper plus vite que les autres, quand mon cœur en éclaterait...

Je marche sur les mains ; je fais le grand écart ; je me jette un jour d'un mur haut de dix mètres. Misérable revanche. On ne m'en accepte pas davantage, bien sûr. Au contraire. Je dérange. Et jamais je n'apprendrai à pratiquer parfaitement un sport. Mes regrets, en cette matière, sont libres, depuis longtemps, de vanité blessée. C'est le plaisir perdu dont j'éprouve la nostalgie. Les enfants d'aujourd'hui ne savent pas ce qu'ils doivent à Prisunic, au nylon, aux piscines municipales et aux départs en groupes vers les champs de neige.

L'année dernière, un dimanche, je regardais quatre de mes amis disputer un match de tennis dans la propriété de leurs parents. Femmes aux jambes lourdes, évoluant sans élégance, hommes au torse creux, au souffle court de citadins, mais bons joueurs les uns et les autres. Et assurés d'eux-mêmes, comme mes compagnes d'autrefois.

Incapable de tenir une raquette, je retrouvai soudain le sentiment aigu d'appartenir à un autre monde. J'appartiens à un autre monde. Mais lequel ?

Un homme m'a dit un jour :

— Les Anglais ont une expression excellente : c'est à la troisième génération que l'on aime les émeraudes. Car la première gagne l'argent, et la seconde montre ses brillants. Chez vous, la troisième a aimé les émeraudes et la quatrième les a vendues. Vous appartenez à la cinquième.

— Et que fait-on à la cinquième ?

— On s'inscrit au parti communiste.

Je n'ai pas encore donné suite.

En classe, je respire. La hiérarchie de l'argent ne joue pas auprès des professeurs et, servie par ma mémoire, je suis première dans toutes les matières sauf en dessin, où il ne suffit pas de s'acharner méticuleusement. Une section spéciale a été constituée avec les quelques Françaises égarées dans cet établissement et deux petites Américaines, nées et élevées à Paris. Le climat est studieux, gai. L'émulation sans agressivité. L'une des Françaises, enfant gâtée mais charmante, s'ingénie à adoucir mes angles.

Elle a beaucoup d'argent de poche et l'intelligence du cœur. Pour échanger ses bas neufs contre mes bas reprisés, sa brosse ferme contre ma brosse chauve, elle trouve toujours la manière. À croire que c'est moi qui lui rends service. Je l'aime.

Elle est rieuse, légère et blonde. Je suis hargneuse, butée et brune. Et puis, lèvres gercées, enchaînant rhume sur rhume, lourde d'une poitrine précoce qui soulève mes chandails trop brefs et qui jure avec une silhouette de garçon, cheveux plats et drus aux épis indomptables, je me ressens laide, laide, laide.

Une fille m'a ébréché une canine en me jetant une boule de neige où se trouvait une pierre. J'ai décidé de ne plus jamais sourire, et, horreur, j'y parviens !

Quand je me compare à ma mère et à ma sœur, dont les dix-huit ans sont triomphants, je me trouve incongrue.

Pour comble, un cousin imbécile m'a baptisée « Bouchon », et ce sobriquet me collera long-temps à la peau, me privant de mon beau prénom.

Toutes les Chiffon, toutes les Poupette, tous les Kiki et tous les Momo du monde compren-dront.

Un prénom, c'est plus qu'une étiquette. C'est une housse. J'ai dû attendre l'âge respectable de vingt-trois ans pour trouver le courage d'extirper Bouchon du vocabulaire de mon entourage, en refusant de répondre quand on m'appelait ainsi. Il y faut le même genre d'énergie passive que pour laisser vibrer la sonnerie d'un téléphone.

Mon sobriquet ne franchit pas, heureusement, les murs de la pension où l'on va m'enseigner, d'un coup, ce que je pressens seulement : la coupure du monde en deux camps.

Au moment de raconter comment je reçus cette leçon, j'ai envie de renoncer, de reculer encore une fois, de trouver un prétexte pour éluder. La blessure est ancienne ? Mais cela existe, les vieilles cicatrices qui craquent. J'ai toujours eu peur pour celle-ci. Si près que je me sois approchée d'un être humain, elle m'a toujours tenue à distance de toute son épaisseur. Mais je ne puis l'escamoter sans fausser ce récit.

Un jour, donc, je suis convoquée par la directrice de la pension. Les élèves ne pénètrent jamais dans son bureau sans excitation. C'est une pièce tout en boiseries, imprégnée d'un parfum lourd. La Directrice est belle personne et tient à ce que nul n'en ignore, son jeune mari tout le premier, loup captif parmi tant de fraîches brebis.

Elle pratique le déshabillé capiteux et le sourire ensorcelant. L'instinct m'a toujours prévenue contre elle, cependant, mais je ne sais pas alors ce qu'est l'instinct, je m'étonne chaque jour que sa férocité ne saute pas aux yeux de tous. Trahissant ses petites mains blanches, ses ongles sont recourbés en griffes. Sous-tendant son sourire, la haine de cette femme stérile pour les enfants qu'elle prétend éduquer, et de cette femme mûrissante pour les nymphettes confiées à ses soins, laque ses traits.

Chaque fois que je l'ai approchée, j'ai eu l'impression diffuse qu'elle sait que je sais... J'agis sur elle comme un révélateur. C'est une tare congénitale qui me jouera bien des tours, jusqu'au moment où j'apprendrai à voir, chez les autres, le meilleur plutôt que le pire. On voit le monde tel qu'on l'éclaire. À douze ans, je ne dispose que d'un phare. Et il n'éclaire que le noir.

Que me veut cette dame ? Rien que de très simple. L'avant-veille, une pensionnaire, une « grande », a fait le mur pour rejoindre un garçon. Un jardinier l'a vue rentrer sans l'identifier et il a donné l'alarme.

Le scandale est public, la coupable doit être châtiée. Mais qui est-ce ?

— C'est toi, me dit la Directrice. Ne nie pas, c'est inutile. Quelqu'un t'a vue.

Qui ? Je n'ai pas de question à poser.

Je nie avec véhémence, avec fureur. Elle ne m'écoute pas et fixe ses ongles.

Je cherche activement un argument, un moyen de l'atteindre par la raison. De toutes les pensionnaires de l'établissement, je suis la seule qu'on laisse libre de surveillance lorsque, un dimanche sur deux, je vais voir Maman à Paris. Je prends le train seule ; je rentre seule... Pourquoi aurais-je assumé un tel risque pour sortir de la pension ?

Cette fois, elle me regarde avec une curieuse expression.

— Décidément, dit-elle, tu es intelligente.

Elle me prend la main et elle sent que je tremble.

— Tu as peur ? Pourquoi ? Pourquoi as-tu peur si tu es innocente ? Les innocents ne tremblent pas.

Je veux lui arracher ma main. Elle la retient.

— Mais j'y pense... Tu es peut-être somnambule ?

L'attaque me déconcerte. Un somnambule,

je sais ce que c'est. Il y en a un qui habite en face de chez nous, à Paris. Un petit garçon. On le voit parfois, le soir, qui marche sur le garde-fou du balcon.

Non, non et non ! Je ne suis pas somnambule, pas somnambule du tout. Je suis in-no-cen-te !

La Directrice a un geste excédé qui m'avertit subtilement.

Si elle est sûre d'elle, pourquoi accepte-t-elle le dialogue ? Si elle ne l'est pas, pourquoi s'acharne-t-elle à me vouloir coupable, moi, avec mes douze ans, alors que nous sommes une cinquantaine parmi lesquelles les « grandes » sont en majorité ? Qu'est-ce que j'ai fait ? Qu'est-ce que je lui ai fait ?

Elle m'observe. Soudain, elle a l'air las et vieux. Elle dit, presque à voix basse : « Écoute, petite, c'est toi la coupable, tu comprends ? Il le faut ! Sinon, je serai obligée de te renvoyer. Tu sais que je te garde ici par... »

Elle allait dire « par charité ». Elle bute sur le mot et enchaîne : « ... égard pour ta mère. Si tu ne veux pas avouer, pars ! Va faire ta valise et pars tout de suite. Tu auras le train de dix-neuf heures douze. Je te laisse dix minutes pour réfléchir. »

Elle est sortie. J'ai entendu la clef tourner dans la serrure. Je n'ai pas bougé. J'ai essayé d'imaginer mon retour à la maison, traînant le nécessaire noir. Je prendrais le métro gare du Nord ; je changerais à l'Étoile ; j'arriverais vers huit heures trente...

Je me vois passer devant la loge de Mme Dumas, la concierge. Elle est triste. Son fils est épileptique. Je monte dans l'ascenseur. Il s'arrête au quatrième. Je sonne. Maman ouvre. Tout de suite, elle s'inquiète. Je dis vite : « N'aie pas peur, Maman. Ce n'est rien. Je suis renvoyée. Mais ce n'est pas ma faute, tu sais. Je t'expliquerai. » Maman me prend dans ses bras ; elle me fait confiance, et puis elle est joyeuse de me voir. Ma sœur aussi me saisit et m'embrasse en m'étranglant un peu, comme d'habitude, parce qu'elle me serre trop fort. Nous sommes si malheureuses d'être séparées ! C'est elle qui parle. C'est toujours elle qui parle. On me fait dîner, tout se transforme en fête... C'est ainsi avec Maman ; c'est ainsi avec ma sœur. Elles ont un lit pour elles deux ? Tant pis, j'y coucherai aussi ! Ce sera bien amusant. Et demain soir ? On verra. Et où irai-je à l'école ? On trouvera. Et qui paiera ? Dieu y pourvoira. On nous aidera. D'ailleurs, Maman va avoir bientôt une maison de couture, ou un magasin d'antiquités. « Tout le monde a été si gentil, tu verras... »

« ...Tu verras. On nous aidera... »

Comment font-elles pour y croire ?

Heureusement qu'elles y croient ! C'est leur richesse. Moi, je n'y crois pas. C'est, ce sera toujours, à la fois, ma faiblesse et ma force.

Est-ce d'avoir vu trop de beaux projets échoués, trop d'espoirs avortés, trop de rêves éteints ? Je ne crois qu'en moi, en mes propres efforts et, comme je ne surestime pas mes moyens, je pars sans vent. Comme je ne les sous-estime pas non plus, je pars tout de même. Parfois, c'est dur.

À douze ans, mes moyens sont nuls. Ma sœur gagne trois cents francs par mois en qualité de vendeuse dans un grand magasin. C'est un peu moins que ne coûte sa nourriture. Ma mère jongle avec les sous-locataires, les emprunts, le mont-de-piété, les traites, en soupirant parfois : « Ah ! s'il y avait un homme pour nous conseiller ! »

Maman, je ne peux pas encore être un homme ; j'ai douze ans ; je peux seulement ne pas rentrer ce soir à la maison…

Lorsque la Directrice réintègre son bureau, je n'ai pas bougé. Simplement, je pleure. De honte, de désespoir, de solitude.

En même temps, une part de moi est satisfaite par un obscur sentiment qu'à l'époque je ne sais pas encore analyser mais qui, tout au long de mes jours, me suivra comme mon ombre : je crois que je comprends la Directrice.

Ce que l'on comprend, Sartre l'a dit, vous appartient. Cette femme m'appartient puisque ses motivations, sa démarche, je les perce autant qu'elles m'atteignent, puisque je me sens devant elle comme un entomologiste devant un insecte.

Si l'on me demandait aujourd'hui : « Qu'avez-vous fait de votre vie ? », je répondrais : « J'ai compris les autres. » Ou, du moins, j'ai essayé…

Ce jour-là, je tente encore de me débattre,

faiblement, pour la forme. Elle sait que je suis vaincue. Reste à trouver la punition à mon crime : pendant quinze jours, j'irai coucher seule au « chalet », après avoir dîné à l'office. Le chalet est une baraque sans lumière, au fond du parc.

Je vais tout de suite m'y terrer.

Je pleure toute seule dans le noir, lorsque j'entends quelqu'un monter l'escalier de bois. J'ai peur. J'ai toujours eu peur dans le noir.

C'est Mlle Chartier, le professeur de mathématiques, une petite rousse frêle qu'un accident pulmonaire a écartée de l'agrégation. Elle m'apporte une bougie.

Elle dit très bas : « France, il ne faut pas pleurer. C'est Margaret K. qui est coupable. Mme la Directrice est au courant. Mais si le père de Margaret apprend la vérité, il fera un scandale. Et vous savez qui il est... Un magnat de Pittsburg. France, vous m'entendez ? »

J'entends et je savoure. C'est bien ce que j'avais imaginé, au nom de l'élève près. Et pourquoi prononce-t-elle « maguenat » ? Est-ce ainsi qu'il faut dire ?

Mlle Chartier s'alarme : « Je vous dis cela parce que je sais que vous êtes raisonnable et que vous ne le raconterez à personne. J'aurais beaucoup d'ennuis... Et puis Mme la Directrice est si bonne... »

Hé oui, elle est bonne ! C'est moi qui suis coupable. Coupable d'exister. Les enfants comme moi sont superflus. Il n'y a pas de place pour eux, je le vois bien.

Plus tard, combien de fois penserai-je : « Il n'y a pas de place pour moi. Ni ici, ni là. Nulle part. Je ne la trouverai jamais, la place où je pourrais poser ma tête[1]... »

1. Ce leitmotiv est une réminiscence de l'Évangile : « Les renards ont des tanières et les oiseaux du ciel ont des nids ; le Fils de l'homme, lui, n'a pas où reposer la tête » Luc (IX, 58).

Il y a quelques années, j'ai été saisie d'une sorte de malaise devant mon propre sourire. Regardant une émission de télévision où je dialoguais avec Pierre Dumayet[1], il m'a paru bizarrement quémandeur, humble, avec un côté mécanique que je ne lui connaissais pas.

J'étais bien fatiguée et, en quelque sorte, fardée par ce sourire excessif. Mais l'œil de la télévision voit loin. Il avait saisi là le reflet d'une débâcle intérieure où je me retrouvais en situation de penser : « Il n'y a pas de place pour moi », et où j'essayais, par ce sourire, de faire pardonner mon existence...

Du chalet noir, je suis sortie pétrifiée dans la culpabilité.

J'avais été sans doute conditionnée ainsi par d'autres incidents, bien plus anciens, et dont je n'ai pas la mémoire. Une autre, sans doute, eût réagi tout autrement. Il m'en reste que, depuis, je combats l'injustice partout où je crois la ren-

---

1. Pour l'émission « Lectures pour tous », le 2 octobre 1955.

contrer quand les autres ont à en souffrir, mais dès qu'elle me frappe, moi, je courbe la tête...

Tour à tour, des hommes et des femmes, des patrons ou des amants, des amis ou des ennemis, ont emprunté le visage de la Directrice, parfois pour des vétilles. Ils m'ont laissée muette, anéantie. Et souriante, toutes les forces du bon animal de combat que je suis, pourtant, s'écoulant par une plaie béante... C'est comme une maladie secrète, inguérissable.

Peut-être s'agit-il là d'un mal répandu ? Je ne sais. Le diagnostic est si difficile à établir, surtout lorsqu'il s'agit d'un individu aux épaules larges et au sommeil régulier, enraciné, comme je parais l'être, dans la terre. Eussé-je été frêle et insomniaque, appétit d'oiseau et brume dans un regard clair, ma propension au mea-culpa chronique avec crises aiguës pouvant entraîner la mort, aurait été plus convenable.

Il y a plusieurs grilles pour déchiffrer une vie. Appliquer celle-ci à la mienne ne suffit pas pour en éclairer toutes les ombres. Mais elle décode ce que je peux, seule, percer.

Coupable d'être une fille, coupable d'être pauvre, coupable d'être, enfin, cela peut conduire, j'imagine, à bien des ports. Lesbos ou le couvent, la fortune, la prostitution, le pouvoir ou la sainteté. Mes dispositions particulières ont fait que la culpabilité ne m'a menée ni ici, ni là. Et, comme chez tout être humain, elles ont toujours, plus que l'événement, infléchi mon destin.

Pour que l'on m'accorde une place dans le

monde, j'ai rêvé, petite fille, qu'un incendie dévaste la pension, que déraille le train de banlieue dont j'usais. Et moi, j'aurais surgi, intrépide, sauvant mes compagnes des flammes, arrachant les voyageurs à l'agonie.

Tout le monde aurait dit : « Vous savez ce qu'elle a fait ? Quel courage ! Quel sang-froid ! » Et j'aurais été reconnue, admise à vivre.

Faute d'opportunités aussi glorieuses, je me suis jetée dans la Seine pour sauver mon chien qui venait d'y sauter.

On a dit : « Quelle petite sotte ! Il sait nager, ton chien, comme tous les chiens. C'est toi qui ne sais pas. »

J'ai caché des objets précieux, dont la disparition provoquait une consternation générale. Et puis, je feignais de les retrouver. La première fois, ça a très bien marché. La deuxième fois, ma mère a eu des soupçons. Elle n'a jamais compris ce singulier comportement. Et j'aurais été bien en peine de le lui expliquer.

Aujourd'hui, il me semble que je voulais aussi, je suppose, remplacer mon père auprès d'elle en accomplissant des exploits. Au lieu de quoi, je ne lui causais que des tourments, et je m'enfonçais plus encore dans la certitude de mon indignité.

Deux épisodes de mon enfance traduisent également cette... faut-il dire cette névrose ? L'un se situe un soir, dans la voiture de mon oncle C. Une Citroën neuve, dont il était fort vain.

Il me ramenait à la maison, après une randonnée, et maugréait parce qu'il allait être en retard pour rejoindre ensuite ses amis.

J'étais assise, seule, à l'arrière. J'avais quelque chose à lui demander, quelque chose que tous les enfants savent demander sitôt qu'ils ont appris, comme on dit, à « être propres ».

Demander, c'était l'obliger à s'arrêter, le retarder encore, me faire remarquer, gênée. Je n'ai rien dit. La route était longue. La nature fut plus forte que ma volonté. Je n'ai toujours rien dit.

C'est le lendemain que le scandale éclata, me couvrant de honte et me laissant, butée, dans le silence.

Une autre fois, j'ai volé des livres de classe. Rien de « l'acte gratuit ». Aucun Lafcadio ne sommeillait en moi. Les livres étaient chers et représentaient une lourde dépense que je voulais épargner à Maman.

Ce fut encore raté. Les livres rendus, ma mère dit seulement : « Tu m'as fait un très grand chagrin », et elle ne m'adressa plus la parole pendant une semaine.

En grandissant, je devins plus exigeante dans mes subterfuges. Il ne me suffisait pas d'être parfois acquittée par les autres : c'est mon propre tribunal qui siégeait en permanence. Aussi, chaque fois que l'événement me fournit une occasion de plaider ma cause à mes yeux, je me jetais dessus. C'est ainsi que je me précipitai, en 1941, dans la Résistance.

Ce que j'écris là ne vaut que pour moi et

ne met en cause ni la noblesse de certaines motivations, ni l'impureté initiale de certains héroïsmes.

Je crois n'avoir été, pour ma part, ni noble, ni impure, ni héroïque. Participer à l'action clandestine, c'était coller d'un coup à l'image de mon père et me trouver en même temps, chaque jour, une excuse d'être. Je fus une militante obscure et disciplinée, à qui la chance épargna le pire — la torture et la déportation — et octroya ce présent : le matraquage sans conséquence physiologique grave, et la prison[1].

Ceux qui ont écrit à ce sujet sont trop nombreux pour qu'il n'y ait quelque indécence à y ajouter un témoignage sans valeur documentaire. Je n'ai objectivement rien à dire qui n'ait été dit.

Subjectivement, je me félicite d'avoir été souffletée, injuriée, dénudée et battue par des hommes, de savoir le poids exact d'une paire de menottes lorsqu'elles vous lient les poignets dans le dos, et celui des heures, lorsqu'elles s'écoulent dans une cellule où l'esprit vagabonde tandis que le corps est arrêté, arrêté, arrêté au bord de la vie.

Ce n'est pas assez pour en mourir, ni même pour en souffrir plus qu'il n'est physiquement tolérable. C'est assez pour ne jamais souscrire, s'il en inflige autant, à quelque idéal que ce

1. Arrêtée par la Gestapo, Françoise a été internée à Fresnes du 29 mars au 14 juin 1944.

soit. Je reconnais que cela limite dans le choix d'un idéal.

Innocente — enfin ! — en prison, j'ai tout de même fini par en sortir. Avant, et après, je n'ai trouvé qu'un moyen de me disculper d'être : travailler. D'ailleurs, n'est-ce pas ce que je suis en train de faire, au lieu de jouir des premières vraies vacances de ma vie ?

J'avais quatorze ans lorsque j'ai pris mon premier emploi, et ce n'était pas encore le temps des congés payés. Auraient-ils existé d'ailleurs que j'aurais peut-être trouvé le moyen de n'en pas profiter...

J'ai toujours été salariée. Et lorsqu'il faudra, dans quelques semaines, que je réembraye sur la vie, ce sera encore en qualité de salariée.

Entre mes premiers gains mensuels et les derniers, trois zéros sont intervenus. La dévaluation de la monnaie intervient pour deux. Il en reste un. Cela signifie qu'en un peu plus de vingt-cinq ans, mon capital — c'est-à-dire moi-même — s'est accru de façon à donner des revenus dix fois plus élevés.

Il me semble que c'est une grande chance, quoi qu'il advienne dans l'avenir à mes valeurs, qu'elles s'effondrent comme les Suez ou les Union minière du Haut-Katanga, qu'elles soient balayées comme les fonds russes dont il y avait une malle pleine à la maison, qu'elles montent, ou qu'elles demeurent longtemps de rapport régulier.

J'aurais pu, sans doute, exploiter ce capital tout autrement. Les résultats auraient-ils été, dans le strict domaine du bien-être et de la sécurité, meilleurs ou pires ?... Ma bonne étoile a voulu que, à l'origine de ma vie laborieuse, je n'aie pas eu à choisir. Je n'étais pas en âge de regarder du côté des messieurs.

Un peu plus tard, Jacques de Baroncelli, vieux monsieur fort distingué qui s'était égaré dans la mise en scène cinématographique, me fit une offre qui aurait pu m'orienter — ou me désorienter — tout autrement. Le film qu'il devait commencer avait pour héroïne une jeune, une très jeune personne brune et farouche, dont l'interprète paraissait introuvable. Le marché aux starlettes ne se tenait pas encore dans le XVIe arrondissement...

Le jour où je me présentai à lui pour dactylographier son scénario, il me proposa de faire des essais et les trouva concluants. J'ose à peine dire pourquoi ma carrière de comédienne ne dura cependant qu'une heure et demie. Pendant que M. de Baroncelli déjeunait, je commençai à lire le manuscrit qu'il m'avait confié. Lorsqu'il réintégra son bureau, je lui remis dignement ledit manuscrit en lui conseillant de chercher une autre interprète. Pourquoi ? La première scène où je devais apparaître se situait sur une plage où l'héroïne sortait de l'onde dans le plus simple appareil.

M. de Baroncelli se mit à rire. Mais moi, je ne riais pas. J'étais outrée.

Alors cet homme fin et bon me regarda un long moment, songeur, et dit enfin : « Vous avez bien raison, ma petite fille. N'en parlons plus et allez vite signer votre contrat de script-girl ! »

J'avais seize ans. Cette petite histoire suffit, je pense, à indiquer que je ne les ai pas fêtés en 1960. Ni même en 1950. Ni même en 1940.

Le cinéma français n'a rien perdu. Et, je le crois vraiment, moi non plus.

Plus tard encore, d'autres tentations m'ont parfois taraudée les soirs de grand découragement ou de grande misère.

Le jour anniversaire de mes vingt ans, je me trouvais en chômage, à la tête d'une lourde facture impayée, concernant la pension de ma grand-mère, de trois bouteilles de parfum Guerlain et d'un soupirant fort laid mais animé des plus honnêtes intentions, qui m'avait invitée à dîner[1]. Je devais ce soir-là, lui dire oui. Ou non.

Je m'en fus chez Guerlain et, réunissant tout mon courage, j'expliquai que trois flacons identiques, pour une seule personne, c'était trop et que l'on m'obligerait en m'en reprenant deux.

« Mais certainement, mademoiselle, me dit-on. Voulez-vous venir par ici ? »

Par ici, c'était la caisse. Je fis mentalement

1. Françoise a eu vingt ans le 21 septembre 1936. Son prétendant, Simon Schiffrin, producteur de cinéma, en avait quarante-deux.

un rapide calcul : le règlement de la pension de grand-mère était en bonne voie.

Une main me tendit un papier : « Vous en userez quand vous voudrez. »

Ce papier, c'était un avoir. J'avais un crédit chez Guerlain. De cette histoire, j'ai pensé parfois que Tchekhov aurait tiré une bonne nouvelle...

Le soupirant m'attendait dans un restaurant russe, avec un cadeau à la main. C'était un livre mince relié en cuir vert et imprimé sur du papier bible, un livre comme je n'en avais jamais vu : le premier d'une collection qui allait devenir La Pléiade. Sauf erreur, il s'agissait des poésies de Baudelaire[1].

Il commanda du champagne. J'en bus énormément. C'était bon mais inutile. L'alcool ne m'a jamais troublé ni la vue, ni l'esprit, ou si peu. Et le soupirant ne s'améliorait pas plus que ma situation. Alors, oui ou non ?

Je fis ce soir-là un geste qu'en d'autres domaines et par d'autres procédés, il m'est arrivé plusieurs fois de répéter. Je sortis de mon sac une pièce d'un franc, je la montrai au soupirant, et je lui dis : « Regardez, je vais la lancer en l'air. Face : c'est oui. Pile : c'est non. »

Ce fut pile. La chance, toujours la chance... Trois jours plus tard, je trouvais du travail.

---

1. Baudelaire fut le premier auteur publié dans la Bibliothèque de la Pléiade (10 septembre 1931). Sa couverture est vert émeraude, couleur attribuée au XIXᵉ siècle, et son éditeur Jacques Schiffrin, le frère du soupirant de Françoise...

La liberté économique, qui m'a ainsi toujours été donnée, est-ce la liberté tout court ?

En tant que femme, prolétaire de l'homme auquel j'ai dérobé ses moyens de production, oui, je suis libre ; je n'ai jamais cessé de l'être. Et rien ne modifie plus sûrement le rapport à l'homme.

En tant que salariée, prolétaire de la société, non, je ne suis pas libre, aujourd'hui pas plus qu'hier.

Journaliste, je dépends de ceux qui possèdent les journaux. Cela ne se traduit par aucune contrainte. Le joug est léger, plus léger certainement qu'en pays non capitaliste. Les consignes, les ordres, les ukases, c'est de la littérature, et de la plus mauvaise. Ce qui commande, partout, c'est l'objectif poursuivi.

Attendre des représentants du capital qu'ils vous fournissent gracieusement des armes — c'est-à-dire, en l'occurrence, des journaux — pour s'élever contre une forme de société qui leur convient, et une morale qui est la leur, cela porte un nom : l'imbécillité. Mais la plupart de ceux qui travaillent dans les grands journaux sont, en gros, d'accord avec cette société et cette morale. Ils ne sont pas achetés : ils sont acquis. La nuance est importante.

Ceux qui ne le sont pas, peuvent, en théorie, créer d'autres organes pour exprimer leurs vues.

En pratique, les fonds nécessaires à la création d'une telle entreprise ne se trouvent pas dans les poches des révolutionnaires.

C'est pourquoi, dans tous les pays capitalistes, la presse quotidienne est, dans l'ensemble, conservatrice, tandis que progressistes et extrémistes, d'un bord comme de l'autre, se réfugient dans la presse hebdomadaire : il faut investir trente à quarante fois plus de capitaux dans un quotidien que dans un périodique.

Encore faut-il posséder de quoi créer un périodique, ou du moins être en situation de réunir les fonds nécessaires. Après quoi, il reste à réussir avant de les avoir épuisés, c'est-à-dire à s'y montrer, comme ailleurs, bon boutiquier.

Si un désaccord fondamental intervient, de quelque nature qu'il soit, entre les créateurs d'un journal, celui-ci demeure entre les mains des représentants du capital. C'est parfaitement régulier. Ils ont su, pu, voulu, se couvrir du risque de perdre un jour le bénéfice matériel de leurs efforts.

N'ayant jamais eu rien d'autre à représenter ou à risquer que mon capital-travail, et incapable de le marchander, je ne puis donc me prétendre libre.

Et, dans mon cas, cette dépendance s'accroît par une attitude volontairement — encore qu'inconsciemment parfois — choisie.

Car, dans le chalet noir, au fond du jardin, j'ai cru découvrir, à douze ans, où siégeait le Mal en ce monde et, par voie de conséquence, où siégeait le Bien. J'ai choisi, évidemment, d'aller vers le Bien. Qui choisit autrement ? C'est l'idée que l'on s'en fait qui varie d'un individu à l'autre.

Ce jour-là, tout me paraît clair. Le Mal, c'est ce qui m'a fait mal, à moi, et à ceux que j'aime. C'est l'Argent et son pouvoir. Pactiser, c'est donner son âme au Diable. Je ne pactiserai pas, et, quand je serai grande, je chasserai le Mal du monde.

Accessoirement, je serai médecin, comme le fut l'un de mes grands-pères. Ça lutte tout le temps contre les formes mineures du Mal, un médecin.

Je protégerai ; je soignerai ; je serai solidaire de tous les opprimés, de tous les persécutés, de tous les humbles. Mon camp, ce sera celui-là.

Ah ! le beau rôle que je me prépare là !

L'idée ne me vient pas que, pétrie de ces bonnes intentions, je me situe tout de même du côté du pouvoir. D'un pouvoir bienveillant, certes, celui du médecin, mais pouvoir quand même.

Je viens d'être affrontée au Mal ; je n'ai pas encore saisi l'existence de cette chose qui s'appelle la société. Grandir, c'est découvrir que son clan, ses habitudes d'hygiène, d'habitation, ses parents, ses vêtements, son langage, son quartier, sont propres à un groupe d'individus — disons à un milieu — et que personne n'est comme tout le monde.

Le jour où un adolescent s'aperçoit qu'il est marqué, que les autres le voient avec une étiquette au front — sa classe, sa religion, éventuellement sa race, le métier de son père, son vocabulaire — et que tout le monde ne porte pas la même étiquette, il prend acte de l'existence de la société et de la place où il s'inscrit dans cette société.

C'est son premier geste politique, et parfois le dernier. Geste passif. Il ne choisit pas, il apprend qu'il a été choisi, et dans la géographie de la société, il repère sommairement sa position, ses amis, ses adversaires.

Si j'allais en U.R.S.S., c'est ce phénomène-là que je voudrais tenter d'observer à travers un adolescent, plutôt que le rythme d'accroissement du revenu national par tête d'habitant.

À douze ans, ma position à moi est si confuse que je n'y comprends rien. Je ne puis en tout cas, la penser, ou l'éprouver même vaguement, en termes de « classe », car c'est, en gros, ma classe qui m'expulse. J'ignore qu'il en existe d'autres.

En attendant de m'y faire reconnaître pour avoir le droit de la mépriser, le dogme de ma religion enfantine s'est érigé : il ne faut jamais, jamais, faire confiance à ceux qui détiennent l'Argent et son pouvoir.

Plus tard, j'ai su aussi que l'on ne pouvait se lier à eux sans devenir leur complice.

Entrer dans leur camp, rien de plus tentant lorsqu'on en a été chassé. Et rien de plus aisé pour une femme, si elle découvre assez tôt l'article de loi élémentaire et ses codicilles :

1) il n'est pas plus difficile de séduire l'Aga Khan que le plombier ;

2) les hommes fortunés, s'ils sont mariés, divorcent plus facilement que les autres. Ils ont les moyens d'arranger les choses ;

3) il est sans exemple qu'une fille décidée à épouser un homme n'y parvienne pas, à condition qu'elle ne se soucie pas trop de savoir si lui en a envie...

J'ai failli, à deux reprises, entrer par le mariage dans le camp de l'Argent, le vrai, celui que l'on ne dépense pas avant ou en même temps qu'on le gagne. À deux reprises, j'ai tout cassé.

De là à prétendre que je suis restée dans l'autre camp...

Il n'y a qu'une façon d'être solidaire des humbles, c'est d'en faire partie, de vivre leur vie et d'endurer leurs souffrances. Il n'y a pas de tiers ordre.

Qui a dit : « Je veux bien mourir pour le peuple, mais je ne veux pas vivre avec » ? Quelqu'un dans mon genre. C'est si facile de mourir ; c'est si joli un héros. Et une héroïne, donc !

C'est en usine qu'il fallait aller, ma fille, pour y user tes mains et pour qu'on t'y pince l'arrière-train. Et encore... Tu aurais été capable de devenir chef d'atelier.

Je ne suis pas allée en usine. Je ne suis pas devenue médecin non plus, mais ce n'est pas faute de l'avoir souhaité. J'ai conquis sur un autre terrain ma parcelle de pouvoir, mais comment puis-je m'en servir pour rester fidèle à ma jeunesse ?

Le journal que l'on m'avait prêté, je l'ai rendu[1]. C'était mon enfant disais-je, non sans mauvais

1. *L'Express.*

goût. Quand on fait des enfants avec le Capital, on ne leur sert jamais que de mère nourricière. L'important est d'ailleurs, puisque enfant il y avait, qu'il se porte bien, et celui-ci était en âge de se passer de moi.

À quatorze ans, je sortis de première, le front ceint de lauriers, pour apprendre que la maison de couture créée par ma mère, grâce à l'appui d'amis fidèles, périclitait. La couture, comme l'hôtellerie, exige que l'on sache aussi gérer un commerce ou que quelqu'un vous y aide.

La situation allait se redresser, c'était évident. La saison était mauvaise, la prochaine serait meilleure, ma mère ne permettait aucun doute là-dessus. L'ennui était qu'en attendant il fallait payer le boucher, le boulanger, l'épicier, le crémier, le cordonnier, la pension de famille de Grand-Mère et, permanent cauchemar : le loyer...

Maman avait cru résoudre ce problème-là en déclarant que nous habiterions le local des Champs-Élysées aménagé par ses commanditaires, où elle exerçait son activité : deux beaux salons, une entrée, une cuisine et un atelier pour les ouvrières. C'était parfait. Mais où coucher ?

Maman n'était jamais embarrassée. Elle avait engouffré, dans un placard, un lavabo et trois minces matelas. Le soir, lorsque tout le monde était parti, on sortait les matelas.

Bientôt, notre technique fut irréprochable. L'escamotage des matelas, des oreillers, des draps et des couvertures devint aussi rapide que la façon dont nous apprîmes à faire notre toilette pour qu'il n'y ait jamais collision entre matelas et clientes, entre commanditaires et matelas.

C'était fini. Qu'allions-nous faire ?

Dans son salon en rotonde du boulevard Malesherbes, la plus pénible de mes tantes, œil bleu glacé, se fit une joie de m'expliquer par le menu pourquoi, en tout cas, le corps médical aurait à se passer de mes lumières, et le Conservatoire national de musique, de mes talents.

Elle disait cela comme si un grand scandale avait été heureusement évité.

Je crois sincèrement qu'elle ne nourrissait aucun grief contre moi, au contraire. Mais que la folie de ma mère pût aboutir à fabriquer une fille médecin, c'eût été le monde à l'envers.

Sept ans d'études ? Et puis quoi encore ? Et aux frais de qui ? Pas aux siens, en tout cas ! Elle avait parcimonieusement participé, jusque-là, à l'entretien de ma grand-mère, sa sœur. Elle m'annonça que cela ne pourrait durer davantage.

Aujourd'hui, il me semble que si j'avais dit à ma mère : « Il faut que je continue d'aller à l'école. Trouve quelque-chose, je t'en supplie, Maman… », elle aurait peut-être, mois après mois, trouvé. Mais je fis, bien sûr, le contraire.

C'était à moi d'aider Maman, non à elle de me porter plus longtemps à bout de bras. Il fallait « un homme pour nous conseiller » ? Désormais, je serai là pour réparer les prises électriques aussi bien que pour rapporter chaque mois à la maison un salaire, ou pour décourager les amoureux trop entreprenants qui rôdaient autour de ma sœur.

Il ne me restait plus qu'à trouver un emploi.

La tante susdite fit savoir que le maroquinier auquel elle commandait ses sacs consentirait, par faveur, à me donner deux cent cinquante francs[1] par mois, en dépit de mon jeune âge, comme apprentie vendeuse. Je refusai.

Le réflexe que j'ai eu ce jour-là, c'est en vérité l'un des rares dont je suis satisfaite, car il ne procédait que d'une analyse lucide de ma situation.

Deux cent cinquante francs par mois, c'est à peine de quoi me nourrir seule. Vendeuse, je vois ma sœur s'y escrimer au rayon d'antiquités d'un grand magasin : c'est le métier des sans-métier. À moins d'avoir à l'origine un don qui me fait totalement défaut. J'ai assez parlé de ma culpabilité pour qu'on imagine l'impossibilité où je suis de traquer l'argent dans les porte-monnaie.

Enfin, puisque mon âge est un handicap, il faut le dissimuler.

Dans l'ordre d'urgence, apprendre un métier.

1. 250 francs de 1931 correspondent à 145 euros en 2011.

Je suis habile de mes mains, j'aime tous les travaux qui exigent la précision des gestes en même temps que l'imagination, mais qu'apprendre en quelques semaines ? Je ne vois qu'une solution : la sténodactylo.

Bon. Je veux la savoir à fond, et pas en amateur. Les mésaventures de ma mère m'ont à tout jamais inspiré la terreur du dilettantisme.

Je me renseigne : les cours de l'école Remington coûtent cinq cents francs. Où puis-je trouver cinq cents francs ?

Il y a, dans la famille, un doux original qui, jusqu'à son dernier souffle, n'a eu qu'un souci : aider son prochain. Ses mœurs, fort discrètes, ne sont pas des plus classiques. Avec les parias, on peut toujours parler. Ce détail, je l'ignore bien sûr ; je sens seulement que A. est accessible.

Il accueille ma requête avec surprise.

Cinq cents francs, c'est une somme.

Je dis : Oui, c'est une somme. Mais je pourrai la rendre dès que je travaillerai et, d'après les petites annonces, les offres d'emploi ne manquent pas.

Je pars avec les cinq cents francs.

Trois mois plus tard, je sors de l'école, garantie sur diplôme : deux cent vingt mots à la minute.

Le temps n'est pas encore venu où les jeunes filles se prépareront à travailler avec le sentiment qu'en tout cas il est bon d'y passer, et assez mal vu à la fin de rester oisives. L'état d'esprit qui règne à l'époque est exactement l'inverse.

Mes condisciples sont des adolescentes distraites et délurées, qui font plus d'efforts pour découvrir comment on plaît aux garçons que pour assimiler la science où nous exerçons ; science modeste, mais dont le choix indique, par rapport aux professions qu'exercent leurs parents, un souci de promotion.

Elles me fascinent, mais je n'ose leur adresser la parole. Pourtant, parce que nous sommes voisines de pupitre, l'une d'elles, Jeannette B., qui est vive et drôle, force le contact. En huit jours, elle m'initie à un univers fabuleux, celui du *Film complet* et des romans de Delly. En sortant de l'école, elle m'entraîne parfois au Printemps pour faire une partie d'escalier roulant. Ça ne coûte rien, et ce qu'on s'amuse ! Les ressources du Printemps, que Jeannette me dévoile, sont infinies. On peut s'y promener, pendant des heures entières, toucher à tout, essayer des chapeaux (personne n'eût osé alors sortir « en cheveux »), manipuler des colliers, du linge, des sacs. On peut même, paraît-il, acheter, faire livrer, et rendre l'achat huit jours après…

Bref, on peut rêver. Nous rêvons. Mes angoisses métaphysiques se sont quelque peu estompées depuis le chalet noir. La chance (ou la malchance) a voulu que le prêtre auquel j'ai demandé, un jour de détresse, de m'expliquer autrement qu'au catéchisme pourquoi le Bon Dieu m'infligeait ces lancinants maux d'oreilles dont je n'osais parler en pension de crainte que l'on me renvoie à Maman, m'assura que je n'avais qu'à porter mes oreilles comme le Christ avait porté sa croix, sans discuter, et que quelques *Je vous salue Marie* dissiperaient mes inquiétudes sinon mes douleurs. Il faillit me convertir au protestantisme. Sans doute l'esprit religieux me faisait-il défaut : je n'avais jamais pu accepter sans restrictions mentales le dogme de la Vierge. La découverte du protestantisme, faite vers treize ans par le truchement d'une camarade hollandaise dont je suivis la préparation à la confirmation, m'avait fort impressionnée. Tout ici me convenait mieux, de l'austérité des lieux à celle de la doctrine. Mais lorsque j'avais dit, à la maison : « Je voudrais devenir protestante... », Maman s'était écriée : « Allons bon ! Il ne nous manque plus que ça ! »

J'en suis restée là, rencontrant le plus souvent, c'est étrange, mes grands amis parmi les protestants. Jacques Becker, par exemple.

Pour mesurer la place qu'un être humain occupe dans votre cœur et dans votre vie, il faut la mort ou l'absence. Encore celles-ci ne se superposent-elles pas forcément. Combien de gens vous deviennent précieux lorsqu'ils sont hors de votre vue, qui se décolorent lorsqu'ils reviennent...

Je voyais rarement Jacques Becker. Le jour de sa mort, quelque chose est devenu pierre, inerte et dur, dans ma poitrine. Je ne peux plus m'en débarrasser. C'est le poids d'un ami disparu. Et si, à partir d'un certain âge, on peut encore rencontrer l'amour, on ne rencontre plus l'amitié. Jacques Becker était protestant jusqu'au bout des ongles. Je devais l'être de naissance, bien que la conversion ne m'ait pas été consentie[1].

Depuis cet élan cassé vers la foi religieuse, je n'ai plus retrouvé de vraie ferveur pour prier qu'en prison, au cours d'une messe dite en cellule. Mais quelle part y tenait la faim, le froid, l'angoisse...

Je regrette parfois d'avoir reçu cette liberté-là. C'est, de toutes, la plus lourde, et certainement la plus menacée.

À quatorze ans, je n'y pensais guère, après y avoir beaucoup pensé. C'est l'âge où l'appétit de vivre vous vient. Le Paradis, pour moi, c'est alors le Printemps. Quand je le parcours, avec Jeannette, j'ai envie de tout.

Ma sœur est dévorée par la même fringale, mais elle a le caractère mieux fait. C'est, comme on dit dans le *Reader's Digest*, « la personne la plus extraordinaire que j'ai rencontrée ». Son aptitude au bonheur est telle que, sans jamais déroger à une morale beaucoup plus stricte qu'il n'y paraît à voir cette créature débordante de vie et d'entrain, elle a su cultiver la gaieté jusque

1. De naissance, sa mère était juive — mais Françoise ne le révélera qu'en 1988, à contrecœur. En réalité, elles furent baptisées ensemble le 23 avril 1942 par le curé Bardet qui antidata au 23 septembre 1917 leurs certificats pour tromper les nazis. Françoise se disait catholique.

dans les camps de concentration où elle a passé deux ans[1]. Le jour de mai 1945 où elle a été rapatriée, après que son camp eut été libéré par les Alliés, j'ai vu arriver un squelette sous des guenilles rayées, qui me tendait un objet : « Tiens, me dit-elle, c'est du cristal de Bohême. »

Elle m'avait rapporté un cadeau[2].

À vingt ans, elle irradiait la joie de vivre, et elle savait déjà dépouiller les fruits les plus amers de leur écorce pour y puiser une graine de plaisir. Moi, j'étais plutôt douée dans le sens contraire. D'un œil perçant, je voyais la tache sur le fruit. Était-ce que la tache était dans mon œil ? Non pourtant, du moins il ne me semble pas. Le beau, qu'il s'agît d'êtres humains ou d'objets, je le voyais beau, mais la moindre tache gâchait tout.

Ma sœur était de ces personnes qui savent se réjouir au théâtre, même lorsqu'une colonne dissimule à leur vue la moitié de la scène. Moi, je préférais ne pas aller au théâtre.

Cette fâcheuse disposition n'est pas de nature à rendre la vie douce, si elle donne parfois l'élan nécessaire pour déplacer des colonnes. À qua-

1. Djénane Gourdji, dite Douce, sœur aînée de Françoise, agent actif de la Résistance à Clermont-Ferrand, où sa boutique de décoration servait de boîte aux lettres, fut arrêtée comme secrétaire générale de l'armée secrète en novembre 1943, et déportée à Ravensbrück, puis à Flossenbürg.

2. À l'époque, elle travaillait toujours à *Elle* où elle tenait la rubrique « Madame Trouvailles » sous son nom d'épouse : Djénane Chappat. Son livre *Cadeaux* sera un best-seller en 1963.

torze ans, c'est un genre de calamité. Mon adolescence en a été sottement assombrie.

Aller chez le coiffeur, c'est déjà un luxe grandiose. En sortir mutilée, en pressentant qu'il doit y avoir quelque part des coiffeurs qui sauraient couper mes cheveux, mais qu'ils ne me sont pas accessibles, c'est agaçant.

Acheter une paire de chaussures est une opération qui exige des nuits de préparation stratégique pour être lancée au juste moment : juste avant que la précédente fasse eau, mais juste au début du mois, et d'un mois sans terme... Sortir du magasin, délestée de munitions si patiemment accumulées, les pieds malheureux dans des étuis mal adaptés à leur forme, c'est agaçant. Jusqu'au bout des pieds, ma sœur avait bon caractère. Elle pouvait loger les siens partout ; ils s'y trouvaient bien. Moi, je portais encore, passé vingt ans, de grosses chaussures à talons plats, malgré les objurgations de ma mère qui s'écriait : « Encore ! Ma petite fille, crois-moi quand je te dis qu'il te manque trois centimètres entre la cheville et le genou ! »

Elle avait raison, son œil n'était pas moins perçant que le mien, mais travailler debout, descendre et remonter les escaliers du métro, rapporter un sac du marché, les pieds meurtris, m'abrutissait jusqu'à compromettre mon travail. Pourtant, s'enlaidir le pied et la jambe est désolant à tout âge.

Mon adolescence se situe, je le rappelle, avant la guerre, c'est-à-dire en un temps où les facilités dont disposent aujourd'hui les jeunes filles démunies pour se soigner et se parer agréablement étaient totalement inexistantes.

Du côté des vêtements, cependant, je m'en tirais. Le goût sûr de Maman, joint aux embryons de technique que m'avait enseignés l'une de ses ouvrières, et aux coupons du marché Saint-Pierre, donnait d'assez bons résultats. Je la bénis encore, cette ouvrière, et j'ai toujours pour elle une pensée reconnaissante lorsque, sous le regard sceptique, voire ironique, de quelque jeune dame dûment politisée, persuadée qu'une femme libre se déconsidère en effectuant des travaux ménagers, je taille, je couds, et je porte une jupe ou une blouse.

Être libre, c'est aussi pouvoir se passer des autres.

Il n'y eut qu'un moment affreux. C'était un jeudi. Marc[1] m'attendait à la piscine Molitor, puis nous devions aller déjeuner. En prévision de cet événement, j'avais demandé à Maman de nettoyer ma plus jolie robe, la rouge.

Il va de soi que nous n'étions pas clientes des teinturières et que nous entretenions nous-mêmes nos vêtements.

Le matin, Maman me dit : « C'est curieux, ta robe n'est pas tout à fait sèche. Pourtant, à l'essence... »

Je décide que la robe séchera sur moi. Il fait

---

1. Marc Allégret (1900-1973), cinéaste, comme son frère, Yves.

chaud, je me hâte... Tout de même, elle a une odeur étrange, cette robe.

Arrivée à la piscine, elle n'est toujours pas sèche. Je l'enlève pour enfiler un maillot de bain et rejoindre Marc. Je m'allonge près de lui, il se redresse, il me hume, il me regarde, perplexe, et demande : « Mais qu'est-ce que tu sens ?... Attends, je sais. Tu sens le pétrole. »

Le pétrole... En une seconde, tout devint clair : Maman s'était trompée de bouteille !

Je précipitai ma honte dans la piscine et, incapable d'en avouer le motif, j'en ressortis pour dire au revoir à Marc.

— Je croyais, dit-il, que nous déjeunions ensemble ?

— Je ne peux pas, j'ai promis de rentrer à la maison.

— Alors, attends-moi. Je vais te déposer !

Avec la robe rouge au pétrole ? Plutôt mourir. Je disparus.

Et voilà comment on rate ce que l'on prend pour le rendez-vous de sa vie...

Les produits de beauté de bonne qualité n'étaient pas à ma portée. Les autres avaient une odeur sucrée très particulière. Aussi, je n'en usais que dans les grandes occasions. Par exemple, le jour où je me présentai dans une librairie du boulevard Montparnasse, qui demandait une sténodactylo, par la voie des petites annonces de *L'Intransigeant*.

Ayant compris qu'à quatorze ans personne ne me prendrait au sérieux, j'avais décidé d'en annoncer dix-huit, et de les paraître. Rouge à lèvres hurlant, talons hauts empruntés, imperméable parce qu'il pleuvait, et chapeau à voilette, je devais avoir fière allure... N'importe. La ruse réussit.

Elle fut d'autant plus efficace que le libraire, M. Lacroix, ne me jeta pas un regard. Débordé de travail, il me mit un bloc et un crayon dans les mains et me dicta une lettre pour vérifier mes capacités.

Je me surpassai et essuyai pourtant une remontrance, faite d'ailleurs d'une voix douce, mais que je n'ai jamais oubliée, car ce fut ma première leçon de diplomatie. Par la lettre qu'il m'avait dictée, il annonçait à un client qu'il pouvait lui procurer un exemplaire de l'édition originale sur hollande du *Lys rouge*. Il avait terminé par : « Veuillez agréer, etc. »

Dans mon zèle, j'écrivis : « Dans l'attente d'une réponse, je vous prie d'agréer, etc. »

« Mademoiselle, dit M. Lacroix, vous avez changé un mot dans une phrase où je me répétais, et vous avez bien fait. Oui, je m'en suis aperçu ! Mais votre "dans l'attente d'une réponse" est une maladresse. J'ai l'air pressé, solliciteur. Vous recommencerez la lettre. Vous êtes engagée. »

Aucun homme, aucun contrat ne m'a procuré, ni ne me procurera jamais, une plus grande joie.

Lorsque, quelques jours plus tard, sa jeune femme, délicieuse personne, jolie et fine, m'aperçut, dépouillée de mon déguisement, je crois qu'elle conçut quelques soupçons.

Je l'intriguais. À y repenser, il y avait de quoi. Physiquement, j'avais l'air de ce que j'étais : une petite fille, grande et développée pour quatorze ans, mais avec la démarche gauche, les gestes brusques, les mains aux ongles brefs et ternes, les joues rondes de mon âge, surtout avec cette gravité qu'ont seulement certains enfants.

En même temps, je savais des choses bizarres. La différence entre un Lafuma et un grand papier, et qu'il ne fallait pas classer *Les Oiseaux*[1] parmi les ouvrages sur la vie des animaux... Cela dit, je ne savais rien et le peu de connaissances que j'ai acquis — me composant une culture (si j'ose employer ce terme) hétéroclite, baroque et si riche en lacunes que, décidément, je retire le mot culture —, c'est au stock de la librairie Lacroix que je le dois. J'ai lu tous les livres que ses rayons portaient[2].

En même temps, j'étais visiblement — l'œil d'une femme ne pouvait s'y tromper — misérable. Bas indéfiniment reprisés (le nylon n'existait pas), sac au cuir avachi (le plastique n'existait pas), curieuse propension à choisir la marche comme moyen de transport et à manquer d'appétit pour aller déjeuner les derniers jours du mois...

Les fins de mois... Quinze ans plus tard, je

1. Comédie d'Aristophane.
2. Ministre de la Culture en 1976, alors qu'elle n'avait pas son bac, Françoise se définit comme « agrégée de vie ».

me suis aliéné, un soir de Noël, la sympathie d'un homme dangereux, parce qu'il racontait :

— Cette année, pour la première fois, tout le personnel de l'usine a touché mois double.

— Non, rectifia son directeur. Il n'a pas touché. Il touchera.

— C'est la même chose, dit l'industriel, puisque la gratification a été annoncée.

— Comment, dis-je, c'est la même chose ?... Et vous les laissez passer Noël en se serrant la ceinture ?

— Puisque je vous dis qu'ils sont informés ! Ils n'ont qu'à prendre sur leurs réserves.

Ce que cette expression « leurs réserves » traduisait d'inconscience, d'ignorance, d'impuissance à comprendre qui que ce soit qui ne fût pas de son espèce, me mit en rage. Je voulus, stupidement, tenter d'expliquer...

— Enfin, s'écria la maîtresse de maison de sa voix parée, on peut toujours s'organiser à l'intérieur d'un budget, et mettre chaque mois un peu d'argent de côté. Ou alors, j'appelle cela une coupable négligence.

Ce couple avait le don de la formule. Chacun se mit bruyamment à en discuter. À ma droite, le directeur jubilait. Pour me pousser, il me glissa : « Il me semble que le récit de votre expérience personnelle... »

Non. Il ne m'aurait pas. Ils ne m'auraient pas. Je n'allais pas leur servir de bouffon. Pire, trahir. Déjà, en dînant ici, avec ces gens, je trahissais, bien que ce fût par obligation professionnelle.

Dans le brouhaha, je répondis au directeur :

— Mon expérience personnelle vient de s'enrichir. Chez les dames qui ont des réserves, les petits-fours sont humides et la dinde est sèche.

Mais c'était indigne aussi, cette façon de faire de l'esprit…

Je sautai dans un silence pour dire au maître de maison :

— Écoutez… C'est ennuyeux, mais les gens comme vous, il faudra finir par les tuer !

Il partit d'un grand rire. Il avait raison. On ne se fait jamais tuer quand on a des réserves.

Mon libraire de patron n'avait pas de réserves, pas la moindre. Sans que rien ne l'y obligeât, il me promit pourtant, en décembre, une gratification pour Noël. Quatre cents francs, me glissa sa femme.

Pour rentrer ce jour-là à la maison — c'était encore aux Champs-Élysées —, je courus d'une traite, de la bouche de métro à l'appartement. Là, je trouvai les pompiers. Maman avait laissé un fer à repasser sur la planche, oubliant de le débrancher. Les dégâts n'étaient pas importants, mais il y en avait tout de même et, bien entendu, l'assurance n'avait pas été payée…

Aucune importance ! J'allais avoir quatre cents francs. Je sentais mon cœur battre de joie dans ma poitrine en annonçant cela à Maman. Elle eut cette réponse merveilleuse :

— Tu vois, il faut toujours avoir confiance. Dieu nous garde.

Dieu ne nous gardait que d'un œil. Mon gentil patron était inspiré par sa gentille épouse. Très épris l'un de l'autre, ils étaient partis, pendant l'été, en vacances, me laissant la garde de leur magasin et de son précieux stock, responsabilité qu'à trente ans j'aurais peut-être hésité à accepter.

Tout s'était bien passé et elle avait voulu que j'en sois remerciée. Mais M. Lacroix avait un frère qui m'inspirait une vive répulsion physique, alors qu'il eût aimé m'inspirer le contraire. Ce frère trouva qu'une telle générosité serait déplacée, et je ne reçus que deux cents francs. Ce fut un peu triste. Mais il était déjà beau, à l'époque, qu'un patron songeât à vous remercier.

Je n'ai pas été malheureuse, dans cette petite librairie, doucement traitée, jamais exploitée, maniant de jolis objets. Ce n'était pas la faute de M. et Mme Lacroix s'il y avait beaucoup trop de choses à payer avec mon salaire.

Un jour vint où il fallut émigrer des Champs-Élysées aux Batignolles. Heureux temps, tout de même, où les appartements à louer se trouvaient à la demande...

Celui que Maman avait déniché était à la mesure de nos moyens, c'est-à-dire de format réduit et passablement sordide. Elle sut le rendre plaisant, avec la collaboration ingénieuse de ma sœur qui venait de faire de bons débuts chez un décorateur. Mais, entre la porte de l'immeuble et la nôtre, il y avait un couloir, une cour, et quelques étages. Les entrepôts d'une grande épicerie donnaient sur cette cour. De sorte que l'on y rencontrait, circulant nuit et jour, des rats repus et goguenards.

Il y a quelques semaines, sur les quais de Saint-Tropez, j'ai vu un rat crevé entre les flancs de deux voitures. Au moment de mettre pied à terre, la conductrice de l'une des voitures aperçut la bestiole, hurla de terreur et referma vivement sa portière. Elle voulut descendre par l'autre portière, mais la place manquait. Je la connaissais un peu et j'approchai pour la plaisanter. Elle me cria :

— Attention ! Ne bougez pas... Regardez !

— Quoi ? Ça ? C'est un petit vison mort. Il a dû s'enfuir d'un yacht...

Elle me regarda perplexe, et murmura :

— Vous croyez ?

Puis, réconfortée, elle descendit et enjamba le rat.

Maman avait bien essayé un système analogue dans la cour des Batignolles.

— Ce sont des chats, mes enfants, disait-elle, des petits chats. N'y touchez pas, ils ne vous toucheront pas !

Nous passions, en courant. On s'habitue à tout. Mais un soir, le mythe du chat fut fortement ébranlé. Je rentrai seule et, pour je ne sais quelle raison, je devais trouver la clef sous le paillasson. Là, un gros rat gavé de lentilles digérait. Je tapais des pieds pour le mettre en fuite. Il se mit alors à faire les cent pas entre les deux portes du palier. Que faire ? Je pouvais à la rigueur tenter un geste assez vif pour saisir la clef pendant qu'il tournait le dos, mais comment ouvrir la porte sans risquer qu'il s'engouffre dans l'appartement ?

Je restai plantée là trois quarts d'heure, comme un joueur d'échecs devant un coup difficile. Enfin, Maman parut. Elle jugea d'un coup d'œil la situation, se baissa, saisit le rat par la queue et le balança dans la cage de l'escalier.

Puis, elle dit calmement :

— Eh bien, entre, maintenant !

Je crois qu'elle ignorait la peur, et pas seulement celle des rats. Lorsqu'elle comprit qu'elle était atteinte d'une tumeur au cerveau, elle dit au médecin qui tentait de déguiser la vérité, et qui conseillait une consultation entre spécialistes : « Ne dites pas de bêtises, et ne perdons pas de temps. Ou le mal est récent, et je peux m'en sortir, ou il est ancien, et j'aime mieux savoir à quoi m'en tenir. Quand m'opère-t-on ? »

Le mal était récent. Elle fut sauvée et survécut douze ans à l'opération, attristée seulement qu'une cicatrice déformât la racine de son nez.

Les rats avaient eu tort d'ennuyer ses enfants. Elle s'en fut voir le directeur de l'épicerie et, retrouvant pour la circonstance la morgue grand-maternelle, elle impressionna si bien le pauvre homme que, trois jours après, une expédition punitive était organisée dans l'après-midi. Rentrant dîner, je la trouvai ce jour-là, m'attendant penchée à la fenêtre, et criant :

— Il est mort !

— Je sais, dis-je. Il a été assassiné par quelqu'un qui s'appelle Gorguloff[1].

Elle parlait du rat. Je parlais du président de la République, Paul Doumer.

Les rats furent éclipsés. Maman décida qu'il nous fallait absolument une « T.S.F. » comme on disait alors. Ma sœur et moi rêvions plutôt d'un phonographe. Nous n'avons eu ni l'un ni

1. Pavel Gorguloff assassina Paul Doumer le 6 mai 1932.

l'autre, jusqu'au jour où un fabricant ingénieux vendit des postes munis d'un compteur. Il fallait y glisser, pour chaque audition d'une heure, une pièce d'un franc.

C'est par le haut-parleur de ce poste-là que j'appris l'existence de quelque chose qui s'appelait le Front populaire. Maman était pour. De Munich : Maman était contre. Du pacte germano-soviétique : Maman fut hors d'elle.

Ma sœur avait épousé un garçon[1] que nous n'aimions guère mais qu'elle aimait, et c'était bien le principal, issu par sa mère d'une grande famille du Nord et par son père de hobereaux auvergnats. Elle vivait en Auvergne, « dame du château » tout à fait à l'aise dans ce nouveau rôle. Mais elle l'eût été aussi bien si elle avait aimé un pilote de ligne, ou un ouvrier du bâtiment. C'est dire qu'elle paraissait avoir tout naturellement adopté les opinions de son mari. Lorsqu'il lui arrivait de passer avec lui par Paris, Maman se gardait de toute discussion. Mais toujours le climat se tendait. Un jour, c'était à propos de la guerre d'Espagne, un autre jour à propos de la Cagoule dont il fut, je crois, bien plus qu'un admirateur. Exceptionnellement, ma sœur se taisait. Le garçon était bien élevé et on se séparait toujours courtoisement. Alors, Maman éclatait et disait : « Il est trop bête ! Je t'en supplie, ma petite fille, fais n'importe quelle folie, mais ne me ramène jamais un homme bête... »

1. Georges Sersiron, le 1er août 1933, à Saint-Pierre de Chaillot.

J'ai essayé.

En 1940, mon beau-frère suivit sa pente naturelle. Ma sœur ne mit pas huit jours à retrouver la sienne. Ils se séparèrent. Comme ils étaient l'un et l'autre courageux, ils poussèrent l'engagement bien au-delà des paroles. Comme ils étaient loyaux, ils ne permirent pas à la passion politique de l'emporter et ne se trahirent jamais l'un l'autre. Lui, devint milicien. Il a été exécuté, pendant la guerre, par les hommes d'un maquis.

Il m'avait, involontairement et à mon insu, enseigné dès quinze ans que l'incompatibilité politique, c'est, qu'on le veuille ou non, l'incompatibilité tout court. Et, de ce côté-là, je n'ai pas eu d'ennuis avec les hommes qui ont traversé ma vie.

Un jour d'avril, je tapais le courrier de M. Lacroix, lorsqu'un jeune homme entra et demanda si l'on pouvait lui procurer *Les Petites Cardinal*[1]. Je me retournai pour lui répondre. Il me regarda, stupéfait, et s'écria :

— Mais qu'est-ce que tu fais là ?

— Tu vois bien, je suis dactylo.

— Depuis quand ?

— Depuis sept mois.

Ce jeune homme, c'était Marc Allégret. Il avait été, quelques années plus tôt, le client éphémère de notre défunt hôtel. Non seulement je ne

1. Roman de Ludovic Halévy dont Françoise écrivit l'adaptation pour le film de Gilles Grangier sorti en 1951.

l'avais jamais oublié, mais il était resté paré pour moi de toutes les auréoles. Je l'avais vu beau comme un jeune dieu aux yeux bruns tirés vers les tempes, filant comme le vent du Sud au volant de sa Voisin grand sport, évoluant dans ce monde de légende qu'était le cinéma ; et il avait de surcroît un oncle prestigieux : André Gide.

Si le soleil était tombé sur ma machine à écrire, je n'en aurais pas été plus éblouie. Je crois que je l'attendais depuis cinq ans et que son souvenir m'avait gardée de trouver le moindre attrait à qui que ce fût d'autre. Beaucoup plus de cinq ans m'ont été ensuite nécessaires pour lire son nom dans un journal ou sur le générique d'un film sans que l'émotion m'envahisse, pour ne pas suivre des yeux toutes les voitures semblables à la sienne, pour oublier son numéro de téléphone...

Il avait dit un jour que j'avais l'air d'être sa petite sœur, et aucun compliment ne pouvait me toucher davantage. Il est vrai que nous avions un peu les mêmes couleurs et quelque chose de commun dans la construction du visage.

Le soleil fut très étonné de trouver sa petite sœur en si triste condition.

— Tu as mauvaise mine, dit-il. Tu es malade ?

— Non, pas du tout. J'ai faim.

Il disparut et réapparut chargé de gâteaux que j'engloutis silencieusement.

— Tu ne peux pas rester ici, disait-il. C'est idiot. Tu n'as aucun avenir. Qu'est-ce que tu as envie de faire dans la vie ?

L'avenir, c'est une notion inconnue de ceux qui se battent tous les jours avec le présent pour garder la tête hors de l'eau. J'étais bien incapable de voir plus loin que le bout du mois. Plus âgée, j'aurais peut-être pensé l'avenir en termes d'homme, de mariage, mais à quinze ans la question ne se posait pas. Je répondis :

— Je ne sais pas. Je veux bien travailler.

— Tu sais la sténo ?

— Oui.

— Tu tapes bien ?

— Oui.

— Sûr ?

— Sûr.

— Alors, écoute. Tu vas lâcher ta librairie et tu vas venir avec moi. Je suis metteur en scène, tu sais ?

Si je le savais !

— Le cinéma est un métier où l'on peut tout faire, tu verras, tu apprendras. Pour le moment, j'ai besoin d'une secrétaire pour dicter un scénario sur lequel je travaille. Tu gagneras trois cents francs par semaine. Ça t'intéresse ?

Trois cents francs par semaine, c'était une somme inimaginable. Le cinéma, c'était fabuleux. Travailler avec Marc, c'était aller vers le soleil.

Je ne suis pas de nature expansive, et plus je suis émue, moins je parle. Je dis seulement :

— Oui.

Il me conseilla de réfléchir et de consulter Maman à qui, de son côté, il téléphonerait.

— Mais nous n'avons pas le téléphone, Marc !

— Alors, parle-lui et appelle-moi dans huit jours. D'ici là, je ne serai pas à Paris.

Il m'embrassa sur les deux joues, et disparut.

Tout cela était-il bien sérieux ? Abandonne-t-on une bonne place pour un emploi de quelques semaines, fût-il bien payé, quand on tire le diable par la queue, à la lui arracher ?

Maman n'eut évidemment pas une seconde d'hésitation.

Quant à ma sœur, assidue des clubs où se réunissaient les fanatiques de l'écran, elle fut enthousiaste. C'était la grande époque des films russes présentés seulement en séances privées. Nous les connaissions par cœur. Je crois que je pourrais encore raconter plan par plan certaines séquences du *Cuirassé Potemkine* ou de *La Ligne générale*. Je n'avais pratiquement jamais mis les pieds au théâtre ; je ne connaissais de l'Opéra que deux ou trois représentations wagnériennes auxquelles nous avions assisté de très haut ; aujourd'hui encore, je ne suis jamais entrée à l'Opéra-Comique ; j'étais mal instruite en peinture — mais tous les films qui comptaient un peu, nous les avions vus, grâce aux clubs et aux salles de quartier.

Et voilà que j'allais faire du cinéma... Le milieu avait mauvaise réputation, mais Maman conservait de Marc Allégret le souvenir d'un « garçon très bien ». Le neveu de Gide... Et puis j'étais un animal sauvage, et pas une petite jeune fille.

En fait, une petite jeune fille, même nourrie des idées de l'époque, aurait peut-être été mieux adaptée. Malgré les trop brèves leçons de Jeannette, j'étais totalement stupide. Je croyais qu'un garçon qui vous embrasse sur la bouche met ensuite ses gants blancs pour vous demander en mariage. Et je soupirais en pensant que le temps serait long avant que j'atteigne l'âge de connaître cet émoi et ce qui s'ensuivait... Mon information sur ce point était en revanche fort étendue, encore qu'abstraite. Par chance, j'avais puisé tout de suite aux meilleures sources, celles que recelait le sous-sol de la librairie.

Là, M. Lacroix entreposait, parfois, quelques-uns de ces livres illustrés, maudits, dont les bibliophiles sont friands — la collection de Louis Barthou était alors célèbre, entre autres.

M. Lacroix avait du goût. Ses clients aussi. Ces livres étaient de qualité. Celui dont j'ai gardé le plus précisément la mémoire, au point que si je savais dessiner je pourrais en reproduire quelques planches, était un exemplaire de *Femmes* de Verlaine, illustré par des bois de Daragnès.

Excellent cadeau à faire à une jeune fille — je dis cela sérieusement — sinon qu'elle risque d'en concevoir quelques illusions sur ce qui l'attendra entre les bras d'un jeune homme pressé ou d'un monsieur timide. Mais, en cette matière comme en d'autres, je crois à la vertu de l'information et surtout à la nécessité de tendre toujours vers le merveilleux pour y atteindre parfois.

Si ce qu'il faut bien appeler l'obscénité de certaines mœurs cinématographiques de l'époque ne m'a pas détruite, ni même momentanément détraquée, comme tant d'autres, je le dois peut-être à l'image de la sexualité que j'avais puisée tranquillement, sans interdit, dans de beaux livres. Les propos et les gestes des petits pornographes de studio furent impuissants contre cette idée-là. Mais j'eus la plus grande peine à comprendre que le mariage n'était pas une institution aussi généralement répandue que je le croyais, et qu'il ne sanctionnait pas automatiquement toute relation physique entre un homme et une femme...

C'est un vendredi 13 à quatorze heures que je fus convoquée pour commencer à travailler.

Par une curieuse coïncidence, c'est le vendredi 13 mai 1953 que le premier numéro du journal *L'Express,* que j'ai fondé vingt ans plus tard avec Jean-Jacques Servan-Schreiber, est sorti. Et c'est le vendredi 13 mai 1960 que les collaborateurs de ce journal ont appris mon départ[1].

Ma mère tenait le 13 pour un chiffre bénéfique. Je suis réfractaire à la superstition. Simplement, c'est curieux...

Le sûr, c'est que je n'ai pas pris ces virages, ni les autres, sans m'en apercevoir.

Ce premier vendredi 13, je m'en souviens avec une précision presque douloureuse. J'entre dans l'ascenseur qui conduit au sixième étage du 1, rue Vaneau, où Marc partage un grand appartement avec André Gide. Le sol gémit. L'ascenseur sent le bois. Au moment d'appuyer

---

1. Annoncé par J.J.S.S. en pleurs, qui entraîna les larmes de toute la rédaction.

sur le bouton, j'hésite un instant, un instant qui me paraît long. Je sais que je suis en train d'engager mon existence. Mais dans quoi ? Je sais que le geste que je vais faire en appuyant sur ce bouton sera irréversible, et qu'il est encore temps de m'y soustraire. Mais au nom de quoi ? J'ai peur. Mais le risque m'a toujours fascinée, trop peut-être.

Ce que cela signifie, je ne suis jamais arrivée à le comprendre. Peut-être que le jour où je comprendrai, je ne prendrai plus de risques...

Est-ce une façon de défier le dragon ? Y entre-t-il du courage, de la prétention, ou un peu des deux ? Suis-je tentée de chercher, dans le risque assumé, dans le renoncement à la sécurité, une chance de me disculper d'être ?

Y a-t-il une explication, évidente à d'autres yeux, que je me refuse à voir parce qu'elle serait désobligeante à mes yeux ?

Ce goût du risque, je sais seulement qu'il ne dissimule pas une fuite devant les réalités, une manière d'embrouiller les cartes lorsque le jeu devient trop difficile. Je me décide au contraire lentement, avec peine, comme on s'arrache d'un lit tiède pour sortir dans le froid, je vois bien comment les choses se présentent et où sera le danger. Je n'aime pas le danger. J'hésite, je tergiverse, je fais le tour du risque. Et puis je fonce, droit, sans retour. Drôle de mécanique, dont le ressort est celui de toute ma vie professionnelle.

Quatre fois, je suis partie ainsi à l'aventure, jouant à quitte ou double des situations durement acquises. Mais toujours le Diable vient me faire signe.

Ce n'est pas amusant du tout. C'est après, quand les choses ont réussi et qu'on les raconte, comme un militaire ses campagnes, que l'on dit : ce fut passionnant. Moi, j'ai eu peur. Je le dis parce que c'est vrai. J'ai peur, et pourtant j'y vais. Bizarre...

Dans l'ascenseur de la rue Vaneau, ce ne fut pas agréable. Pourtant, j'ai appuyé sur le bouton. Et à quatorze heures moins une — les coupables d'être sont toujours exacts —, je suis entrée dans la grande pièce à loggia, cent fois décrite, où se trouvaient des milliers de livres, le piano à queue sur lequel Gide jouait Chopin lorsqu'il était à Paris, et, sous une fenêtre mansardée, une petite table de travail.

Il y avait là, avec Allégret, un scénariste que je ne connaissais pas et qui ne prêta aucune attention à la dactylo. Un troisième personnage arriva à quatorze heures trente. Un autre scénariste.

— Vous êtes en retard, mon vieux, ce n'est pas sérieux, dit Marc.

— Excusez-moi, répondit le scénariste. Il fallait que j'aille me marier.

— Bon. Allons-y.

On se mariait donc comme ça dans le cinéma ? Entre deux rendez-vous et en costume gris ? Et on ne partait pas en voyage de noces ?

Je n'avais pas fini de m'étonner et de faire des gaffes. La première s'exerça aux dépens de

Marcel Pagnol[1]. J'étais chargée de répondre au téléphone ; une dame le demandait ; sa femme, me dit-elle.

Pagnol bavardait dans la cour des studios de Billancourt avec Raimu et la personne qui partageait sa vie à l'époque.

J'approchai pour dire, d'une voix innocente : « Madame Pagnol vous demande au téléphone… »

Ce qui suivit fut affreux et se termina par un : « Vous zêteu zidiote, mademoiselle ! » proféré par Raimu, auquel la dame fit écho en parlant pointu : « Ah ! ça, oui, elle est idiote, cette fille ! »

C'est un fait : elle était idiote.

Elle apprit ainsi toutes sortes de choses utiles, et d'abord comment on répond au téléphone, d'un lieu de travail, à qui demande un homme censé s'y trouver. Le matin : « Il est arrivé, il est dans la maison, mais je ne le trouve pas. Où peut-il vous rappeler ? » Le soir : « Il est encore là, je viens de le voir… Non, je suis désolée, on me fait signe qu'il vient de partir. À l'instant ! »

Quand on a rendu ce petit service-là à quelques hommes, cela ne vous donne pas le goût du mariage. Légalisé ou non.

Les loges, lorsqu'on entre un peu vite après

1. *Fanny*, (1932) de Marc Allégret, d'après la pièce de Marcel Pagnol, avec Raimu et Pierre Fresnay, est le premier film sur lequel Françoise fut script-girl.

avoir frappé, sont aussi pleines d'enseignements. Ou du moins, elles l'étaient, surtout les jours de grande figuration, où certains régisseurs exerçaient le droit de cuissage sur le bétail humain dont le sort, chaque jour, dépendait d'eux. Dans quel mépris je les tenais, ces figurantes, et ces demi-figurantes, et ces quarts de figurantes. Qu'elles me pardonnent ! Et les régisseurs aussi... Les choses ne sont pas si simples.

Il y avait, certes, il y a toujours eu le sordide marché. Mais il y avait surtout, et pas seulement dans le personnel de figuration, des filles seules, tristes, aux abois, auxquelles le moindre ersatz d'appui, et la voiture pour les ramener d'Épinay, de Joinville ou de Billancourt, à Paris, donnaient un peu de courage.

La misère n'est jamais drôle. Quand elle côtoie le faux luxe agressif, les grosses voitures américaines, les magnums de champagne à déjeuner, les cigares géants, les briquets — toujours en or —, cette odeur permanente d'argent frais qu'exsudait alors le cinéma, elle finit par rendre fou.

Cette ostentation n'était pas générale. Mais dans l'ensemble les gens qui composaient le milieu cinématographique, dominé par les vedettes, trouvaient dans l'exhibitionnisme quelque chose dont ils avaient besoin pour se rassurer, les uns parce qu'ils étaient fraîchement émigrés, sans racines, les autres parce que, d'extraction obscure, ils avaient coupé avec leur milieu d'origine dès que le succès était venu, et tous parce qu'ils sentaient l'ostracisme dans lequel la société tenait ces ratés qui avaient réussi, ces romanichels.

On les tenait dehors ? Au ghetto ? Qu'on les regarde alors au moins avec convoitise !

D'autre part, dans un métier où le succès est toujours sanctionné par le gain, les signes visibles du succès contribuaient à faire monter la cote.

Enfin, quand on gagne beaucoup d'argent, il n'y a aucune raison de ne pas l'employer selon ses goûts propres.

Cela, c'était le côté sympathique, l'absence d'hypocrisie. Ils aimaient les gros cigares ; ils en fumaient. Ils aimaient l'or ; ils en portaient partout.

Au fur et à mesure que le cinéma est passé entre les mains d'industriels comme les autres et de fils de bourgeois encouragés par leurs parents, le climat a évolué. Maintenant, on fait des placements, et quand on veut avoir l'air « de gauche », on roule en 2 CV. À moins que, bien à l'aise dans sa peau, on fasse tout simplement ce dont on a envie.

Le cinéma des années trente, c'était, vraiment, une autre histoire ! Je m'y suis ébattue pendant longtemps avec autant de sérieux et de maladresse qu'un jeune éléphant lâché dans une volière.

Je n'arrive pas à parler de Marc... Pourtant, il suffit que, dans ma mémoire, j'ouvre ce tiroir pour que se déroule, presque jour après jour, le fil de nos relations. Je devrais plutôt écrire : de mes relations avec lui, car il n'en avait guère avec moi...

J'étais là ; je ne faisais pas de bruit ; je pratiquais avec exactitude le singulier et passionnant métier de script-girl dont il m'avait enseigné les rudiments, comptant sur mon application pour que personne ne pressente mon inexpérience. Le producteur du film qu'il réalisait, *Fanny*, m'avait agréée sans discussion puisque le metteur en scène se portait garant, et que celui-ci était le principal intéressé. Les techniciens furent coopératifs. Je crois que je les attendrissais un peu. Et les deux assistants d'Allégret — son frère Yves et Pierre Prévert auquel on prédisait un brillant avenir, tandis que Jacques était encore un obscur scénariste — ne me tendirent jamais de piège, au contraire.

Marc me traitait comme si j'avais été, en effet, sa petite sœur, me traînant partout derrière lui, me rabrouant, puis m'embrassant, trop peut-être... Ou pas assez. Bref, je ne jouais aucun rôle dans sa vie. Il était d'ailleurs violemment épris d'une jeune actrice débutante — qui devint plus tard une grande vedette — et qu'à l'époque je trouvais affreuse. Affreuse ! Car j'aimais Marc, sans adverbe, comme on peut aimer à quinze ans.

La vie serait supportable sans amour. On s'aimerait bien. Ce serait doux, calme et léger. On resterait fort. On irait droit, sans que parfois des ailes vous poussent, mais sans détour. Ce serait délicieux, fécond et morne. Je connais. Il faut avoir vécu cela longtemps dans... j'allais écrire : dans une existence d'homme, pour être tout énergie disponible à d'autres tâches.

Mais, à quinze ans, on sait tout de l'amour, quand il vous investit, sauf qu'il est toujours prison, et jamais à perpétuité. Partagé, c'est la prison à deux, l'un devenant un jour le geôlier de l'autre. Malheureux, c'est la prison seul. Où que l'on aille les barreaux sont là et l'on s'y cogne le cœur, en s'éveillant et en s'endormant, en marchant et en lisant, en écoutant et en parlant. Tout est blessure à qui est blessé.

Et que faire quand on est petit, quand les frontières du monde s'arrêtent aux contours de celui que l'on aime, et que pour pénétrer dans ce monde, on ne dispose d'aucune clef ?

Se trahit-on ? Les adultes rient. Ils croient qu'ils savent, eux, ce qu'est l'amour et que vous ne le savez pas, parce qu'ils viennent d'en pratiquer la culture physique ou qu'ils s'y préparent. Ceux qui le savent vraiment ne rient pas, mais ils sont rares ; et puis, devant les autres, ils ont honte. Alors, ils deviennent, eux aussi, sacrilèges.

Les enfants qui aiment restent silencieux. Ils n'espèrent rien des adultes que de pouvoir dissimuler leur secret. Quand l'objet de leur amour est un adulte, ces enfants-là sont perdus.

Il n'y a pas de plus grande solitude.

Pour être juste, les petites filles sont rarement

des enfants, plutôt des femmes en réduction. Et la plus niaise devient alors rouée, provocante, et habile à forcer l'attention, voire davantage, voire le mari dans le terrier où il somnole. C'est à ce stade qu'on les appelle des jeunes filles.

Je viens d'en voir une dans l'exercice de sa fonction. C'était merveille de la regarder, conduite seulement par l'instinct, ne sachant rien des manœuvres que les stratèges des magazines féminins enseignent à leurs lectrices... Mélancoliques stratèges car, dans les relations humaines comme dans la politique, ceux qui savent tout ne trouvent jamais le point d'application de leur science et finissent, comme Machiavel, professeurs de stratégie, pendant que ceux qui ne savent rien gagnent les batailles.

Elizabeth S. ne savait rien, sinon qu'elle voulait un homme, celui-là et pas un autre. Cet homme paraissait imprenable. Il avait une femme à laquelle il semblait lié pour toujours, et une maîtresse qui lui était utile.

Les hommes sont tous à prendre dans les périodes où ils ont besoin de plaire, et à cet égard Elizabeth S. tombait bien. Mais on avait connu celui-là plus difficile. Non qu'Elizabeth fût laide, mais elle avait juste ce qu'il faut de jaune dans le teint et de sec dans les seins pour ne point exciter, à première vue, la convoitise. En outre, de type anglais, elle paraissait sale. Et si les Méditerranéennes sales n'en semblent quelquefois que plus comestibles, les Anglaises doivent sentir le bon savon et le gant de crin.

Enfin, elle était fagotée. Tout cela pouvait s'arranger et s'arrangera sans doute lorsqu'un homme lui aura appris à se déshabiller et un autre à s'habiller. C'est rarement le même. Mais pour l'heure, le mot d'un garçon qui l'avait aperçue dans mon bureau la qualifiait exactement : elle était tarte.

Comment elle devint l'amie de la femme de sa proie et se glissa, petite lame patiente, à l'intérieur de ce couple ; comment elle sut ne point lutter avec la maîtresse sur un terrain défavorable pour elle et, au lieu de se poser en rivale, se poser en victime ; comment, en un an, elle usa, elle lima, elle perfora, se gardant toujours de critiquer celles qu'il fallait éliminer, admirant au contraire, admirant énormément, n'exhibant qu'humilité et faiblesse ; comment elle s'inséra dans la vie de cet homme en lui déclarant d'emblée que l'état de mariage, auquel ses parents la poussaient, lui faisait horreur, et qu'elle voulait faire des études universitaires pour s'élever l'esprit et gagner noblement sa vie, et qu'elle n'était pas de ces poupées sentimentales uniquement préoccupées d'amour ; comment Elizabeth S. finit par épouser cet homme qui se prenait, qui se prend pour un caractère, en lui donnant de surcroît l'illusion qu'il avait réussi là une difficile conquête, il est bien malheureux qu'elle ne puisse jamais le raconter. Car, bien entendu, elle ne soupçonne rien de ce qu'elle a fait. Sinon, elle aurait échoué.

C'est pourtant, du point de vue du specta-
teur, une parfaite démonstration de l'art d'être
jeune fille.

Je n'ai jamais été une jeune fille. Marc m'avait,
par sa seule existence, arrachée de l'enfance, et
il me laissait suspendue à la lisière de moi-
même. Il fallait que quelque chose arrivât.

Un soir que nous étions en train de travailler,
le téléphone sonna. Il s'en fut répondre chez lui,
c'est-à-dire dans le studio contigu aux appartements de Gide, que celui-ci a décrit dans *Les
Faux-Monnayeurs*.

La conversation se prolongeait. Il était tard,
j'étais fatiguée. J'allai vers le studio ; j'entrai. Il
échangeait avec la femme de son cœur, qui se
trouvait à Berlin, de ces interminables et ten-
dres propos nocturnes avec lesquels les amants
font la fortune des postes internationales.

Je fus saisie alors par la seule colère totale,
aveugle, proche de la jouissance, qui m'ait
jamais tenue et, prenant un à un tous les objets
qui se trouvaient dans la pièce, je les jetai par
terre, brisant, déchirant, piétinant.

Marc me regarda, se mit à rire, et reprit sa
conversation. C'était fini.

J'ai dû expulser ce jour-là toute la jalousie
que je pouvais sécréter. Si, au cours de ma vie,
il m'est arrivé d'en ressentir la brûlure, ce fut
toujours légèrement et sans le moindre éclat. À ce
propos ou à un autre, je ne sais d'ailleurs pas
comment on fait une « scène ». Peut-être parce
qu'aucun amour ne m'a plus jamais atteinte à

cette profondeur-là. Peut-être parce que j'ai eu rarement l'occasion d'être jalouse. Peut-être parce que l'ampleur de la honte ressentie après cette exhibition m'a définitivement engagée à toujours retourner ma violence contre moi.

La jeune femme de Berlin était montée au ciel des stars internationales, puis descendue ; Allégret s'était marié ; cinq années de guerre avaient balayé bien plus que les souvenirs... Quand j'apercevais dans la rue une vieille Chrysler grise — je sais encore le numéro de celle qu'il conduisait —, ou que les effluves d'une eau de Cologne ambrée se propageaient, Marc surgissait, tel qu'en lui-même... Irrésistible.

En 1950, il me téléphona un jour, pour m'inviter à dîner. Dans le passé, je lui avais à nouveau servi de script-girl, mais tout cela se situait très loin ; nous nous étions complètement perdus de vue.

Il m'emmena dans un restaurant de la Rive gauche, dont le patron était fort avide de clients « connus ». Connus de qui ?

Comme le disait Gide, qui avait quelque expérience de la chose : « Ce qui est irritant quand on est connu, c'est le nombre de gens qui ne vous connaissent pas... »

Bref, l'homme voulait être aimable.

Marc souhaitait, lui, me convaincre d'écrire l'adaptation et les dialogues du roman de Louise de Vilmorin, *Julietta*[1].

1. Elle le fit. Le film sortit en 1953.

Lorsqu'il demanda l'addition, on lui répondit qu'elle était payée. Il crut à je ne sais quelle idée saugrenue de ma part et commença à s'en formaliser. Je protestai de ma bonne foi. Comme il rappelait le garçon, ce fut le patron qui survint pour susurrer :

« C'est moi qui me suis permis, madame Giroud, pour que vous reveniez... »

Sollicitée par Marc, dorlotée dans les restaurants... Je sus alors que j'avais beaucoup vieilli[1].

---

1. Françoise modifiera la chute de cette anecdote dans *On ne peut pas être heureux tout le temps*, attribuant au patron du restaurant la réplique : « C'est la maison qui vous invite, monsieur Allégret. En espérant qu'on vous reverra. » Et commentant : « Il sait son métier celui-là ! » Car elle avait vraiment payé l'addition ! Mais à l'époque de ce récit, Marc Allégret était encore en vie, et elle risquait de l'humilier davantage en le reconnaissant...

J'ai franchement envie de sauter par-dessus cette longue période de vie et de travail... Elle m'ennuie. La personne que j'ai été pendant cette période m'ennuie. Bien méritante, aussi libre qu'on peut l'être autour de vingt ans, c'est-à-dire encore tout empêtrée dans des problèmes que l'on résout bien ou mal ensuite, mais que de toute façon on dépasse, travaillant ferme mais sans vraie perspective, comme la plupart des femmes sont encore condamnées à travailler. Et combien d'hommes... Me laissant aimer quand cela se trouvait, mais avec le sentiment d'être décidément très mal placée pour apprécier le spectacle, amoureuse parfois d'une apparence, mais rendue à l'indifférence sitôt que je voyais quelle réalité l'apparence recouvrait — et j'ai toujours vu vite, hélas ! J'écris triste, et besogneuse.

Je me sentais un peu justifiée d'être parce que, peu à peu, j'avais remis de l'ordre dans la maison. Un jour, j'obtins enfin que Maman renonce à la couture et accepte de vivre à ma charge.

Elle se fit toujours aussi légère que possible. Tandis qu'elle se repliait dans une petite chambre, je louais pour moi une pièce dans un immeuble voisin.

Pendant les périodes de chômage, inévitables dans le cinéma, et que tous les petits techniciens passent de la même façon : en attendant, les yeux fixés sur la porte, qu'un pneumatique les convoque enfin chez un producteur, l'inquiétude, puis l'anxiété, puis l'angoisse, s'installaient. Mais le pneumatique arrivait toujours, et je pensais : « Un jour, grand-mère mourra et je pourrai acheter un aspirateur à crédit ! » La femme d'un producteur insolite pour l'époque — c'était un monsieur — m'avait offert un tapis de laine turquoise, de si belle qualité qu'il existe encore. C'était mon luxe, ce tapis.

Sinistres années. Avant, c'était le drame permanent, et le drame n'est jamais petit. Maintenant, c'était la déprimante médiocrité, sans issue visible. Heureusement que la folie régnait dans mon métier, avec ses horaires extravagants, ses princes russes somptueusement décavés, ses vedettes capricieuses, ses scénaristes réfugiés d'Allemagne et d'Autriche, dont il fallait comprendre les cogitations pour les rédiger en français, et ses grands hommes à la Renoir ou à la Feyder. Mais comme ce fut long... Et surtout, sans ouverture. Je ne voyais personne, ou presque. Dans mon milieu d'origine, j'étais la jeune-fille-pauvre que les mères tenaient soigneusement éloignée de leurs précieux fils, et aussi de leurs précieuses filles. Car, sait-on jamais, si je les avais contaminées, ces préposées au mariage qu'on laissait à peine sortir seules, avec ce parfum d'indépendance qui flottait autour de moi, et qu'elles étaient tentées de trouver grisant parce qu'il sentait le cinéma ?

Mais ces bons enfants n'étaient pas en danger. Je n'avais aucune envie de les voir. Les filles, parce que nous n'avions aucun dénominateur commun qui aurait pu nous rapprocher ; les garçons, parce que je n'avais rien à en faire. Que pouvait-on bien faire d'un homme qui eût moins de trente-cinq ans ?

Dans les milieux professionnels, j'étais estimée mais, en gros, on ne m'aimait guère. Je passais pour être à la fois communiste et snob, ce qui cumulait les inconvénients. Je n'étais ni l'un, ni — je crois — l'autre, mais j'avais, c'est un fait, les apparences contre moi, depuis que les grandes grèves de 1936 avaient éclaté. C'est que, dès mon entrée dans le monde du travail, j'avais vécu une double « condition ».

En devenant dactylo, j'avais rejoint d'un coup soixante-cinq pour cent des Français de mon âge, c'est-à-dire tous ceux, fils d'ouvriers ou de paysans, qui passent de l'enfance au labeur sans instruction réelle, sans diplôme, sans avenir. En même temps, je n'étais pas des leurs. Je ne les connaissais pas. Je ne pouvais pas en être. Sur la carte géographique de la société, on m'avait brutalement déplacée. Une rivière me séparait de mon milieu d'origine. Le seul pont qui me reliait à la terre, c'est la conscience que je contractais d'y être née. Alors, cette conscience s'exaspéra. Je ne ratais pas une occasion de marquer mes distances. Pour rejoindre qui ? En vérité, personne. Mais, dans le train-train quotidien, il est vrai que je déjeunais plus volontiers à la table du metteur en scène qu'à celle de l'accessoiriste. Comme personne ne savait d'où je venais, j'avais l'air de me pousser, alors que je me réfugiais.

À la cantine des studios de Billancourt, il y avait souvent, en supplément au menu, ce gâteau que l'on nomme bizarrement « Paris-Brest[1] ». Mais ce n'était jamais le jour où j'aurais pu le payer, et le patron ne m'en avait jamais offert.

Le jour de 1936 où les ouvriers des studios où je travaille doivent décider s'ils feront ou non la grève sur le tas, la panique est installée en France. La tante du boulevard Malesherbes, chez qui je déjeune de loin en loin, déclare : « Nous sommes perdus. Quel scandale ! »

Son mari insulte Léon Blum. Je proteste timidement. On me répond : « Un ami de tes parents ! Ça ne m'étonne pas ! Ils sont bons à mettre dans le même sac ! »

Quel sac ? Ces grèves, j'ai soudain le sentiment qu'elles vont déchirer le voile noir derrière lequel je travaille.

---

1. En hommage à la course cycliste Paris-Brest, ce gâteau a la forme d'un pneu de vélo.

Au studio, c'est fait. Les portes sont fermées. Sur le trottoir, quelques discussions entre techniciens et employés de la production. Tous savent qu'à la fin de la semaine ils ne seront pas payés. Je ne serai pas payée. « Des fous ! » s'écrie un régisseur. « Quand ils auront tout démoli, ils seront contents... Bande de salauds ! Avec quoi on va bouffer, nous, la semaine prochaine ? »

Il ouvre la portière de sa voiture et me dit : « Allez, montez, je vous ramène à Paris... Inutile de traîner ici pour attraper un mauvais coup. On va envoyer les flics pour les déloger... »

Mais je n'ai pas du tout envie de monter. Deux camps sont en train de se former à une allure effrayante, deux camps entre lesquels je vais choisir, si je pars avec ce régisseur, celui dans lequel je n'ai en tout cas rien à faire. Le camp de la Directrice. Le camp de ma tante. Le camp de ceux qui ont peur des ouvriers.

La peur est un réflexe. Je vois bien que je ne l'éprouve pas à leur égard. D'ailleurs, ceux qui sont là, massés derrière les grilles, je les connais tous, depuis longtemps. Peur ? Ce n'est pas de ce côté-là qu'on me fera mal ; qu'on m'écorchera ; qu'on essaiera de me tripoter les seins ; qu'on rabattra mon salaire ; qu'on me privera de travail.

Je marche vers les grilles parce qu'il faut, physiquement, que j'aille vers ceux que ce jour-là je choisis comme alliés contre nos adversaires communs. Je sais que je ne ferai jamais partie de la classe ouvrière, mais que, en se dressant contre ceux qui travaillent, ceux de ma classe se sont dressés contre moi. Je sais que cette dignité que je souffre d'avoir perdue, ce sont les miens qui me la contestent — et que ce sont les autres qui peuvent me la rendre, ceux avec qui je travaille.

Je n'obéis pas à un mouvement de solidarité généreuse avec les opprimés, avec les humiliés. Je me reconnais humiliée parmi les humiliés. Je les rejoins parce que c'est chez eux que je trouverai quelque chose qui ressemble à la fraternité.

À travers la grille, un machiniste m'appelle : « Vous voulez bien porter une commission à ma femme ? Je n'ai pas pu la prévenir. Il faudrait qu'elle nous apporte à bouffer. Merci, hein ! »

J'ai choisi. Leur victoire, s'ils l'emportent, sera ma victoire.

Mais le patron qui m'emploie, lorsqu'il prend connaissance des événements, m'envoie commander des sandwiches que nous portons ensemble aux grévistes. Où passe la frontière entre les deux camps ? Mais ce patron n'est pas pur patron. C'est le fils naturel de je ne sais qui. Un paria. Toujours la même histoire.

Le lendemain, le régisseur me dit : « Je n'aurais jamais cru que tu étais communiste... Toi qui la ramenais tellement ! »

Du coup, il me tutoie.

Me voilà étiquetée. Cela ne me dérange ni ne m'arrange. « Communiste », d'ailleurs, je ne sais pas vraiment ce que cela signifie. Je n'ai aucune formation politique théorique. Un camarade de travail, assistant, essaiera bien de m'endoctriner. Il m'emmène à un meeting où parle Maurice Thorez. Nous sommes au deuxième rang, tout près de l'orateur, chaleureux, magnifique. En sortant il me dit :

— Il est formidable, hein ?
— Formidable.
— Tu t'inscris ?
— Où ?
— Aux Jeunesses communistes.
— Je ne sais pas.
— Réfléchis...
— Oui.

Je n'ai pas encore fini de réfléchir, encore que les thèmes de ma réflexion sur ce point aient bien varié.

Je crois que j'aurais fait une bonne militante, calme et disciplinée. Ai-je senti à l'époque que l'on ne se naturalise pas ouvrière ? Et que, là non plus, il n'y aurait jamais, vraiment, une place pour moi ? Ai-je fui, comme toujours, l'intégration définitive, complète, à un groupe ? Honnêtement, je ne me souviens pas. En outre, il n'y avait pas lieu d'aller jusqu'à l'engagement pour se trouver du côté que je jugeais bon et pour crier plus tard dans la rue : « Des avions pour l'Espagne[1] ! »

---

1. En mai 1937. C'est le P.C. qui a lancé le slogan « Des canons, des avions pour l'Espagne ! » contre la politique de non-intervention du gouvernement de Léon Blum aux côtés de la République espagnole.

Cependant mes réticences, quelles qu'en soient les motivations, ne devaient pas être si solides qu'elles n'auraient pu être vaincues si l'on m'avait poussée. Et je me suis souvent demandé ce qui serait advenu de moi si je m'étais inscrite au P.C.

Je crois, oui, je crois que j'aurais tout encaissé. Le pacte germano-soviétique, le complot des blouses blanches, le procès Rajk... Sans être dupe, mais sans broncher. Je crois que si j'avais donné ma foi, je ne l'aurais jamais reprise, et que cela n'eût pas été bon. En matière politique — je ne dis pas en carrière politique —, il faut savoir être apostat, conserver son indépendance de jugement, remettre tout et tout le monde en question chaque fois que la situation qui vous a précédemment déterminé se modifie. C'est-à-dire souvent.

Sinon, il ne s'agit plus de politique, mais d'Église, et cela se termine toujours par le schisme ou par l'Inquisition.

Ou alors d'amour. Et en infidélité, cette ingratitude du cœur, il faut toujours être celui qui commence, si l'on ne veut pas être celui qui pleure.

J'ai connu beaucoup de communistes qui n'étaient pas issus de la classe ouvrière. Ils ont tous adhéré au Parti comme on entre en religion ou en amour. Ils sont presque tous devenus hétérodoxes, persécutés ou cocus.

Ce n'est pas une bonne approche de la politique, que de donner sa foi à un parti ou à un homme. À moins de vouloir y faire une grande carrière. Dans ce cas-là, au contraire, il est bon d'en avoir l'air. Sous peine de discrédit.

C'est à une certaine idée de l'Homme qu'il faudrait essayer d'être fidèle, et ensuite, selon les situations, appuyer ceux qui travaillent à la faire triompher. Il n'est pas toujours facile de les détecter ; on peut se tromper : on se trompe. Et surtout, on est trompé... On s'engage mal ou on décroche trop tard. Malgré tout, c'est cela qu'il faut viser.

Dès que l'on devient personnage public, englué dans une légende, c'est presque impossible. Pour accepter d'avoir l'air de trahir parce que l'on veut rester fidèle, il faut avoir un grand caractère. Ce sera, à mes yeux du moins, la gloire de Mauriac et de Sartre. Qu'ils se soient ou non égarés à tel ou tel endroit de leur route, cela aura toujours été en toute indépendance d'esprit et d'ambition, même à l'égard de leur propre secte. Il n'y a pas beaucoup d'écrivains politiques dont on puisse en dire autant. En fait, y en a-t-il d'autres ?

En ce qui me concerne, la guerre vint en 1940 me signifier, sans discussion, où se trouvait le Mal. Comme beaucoup, je crus assez naïvement à la Libération qu'il avait été anéanti, et je cessai de m'en préoccuper pour penser à autre chose...

Il ne me manquait, pour être chosifiée[1], qu'un

---

1. Glorifiée dans le sens néologique de : *pipolisée*.

succès et un éreintement dans une revue littéraire. Je les eus bientôt. Que pouvais-je souhaiter de plus[1] ?

Que l'on me prêtât tel ou tel visage, cela n'avait jamais été mon problème. De toute façon, les autres vous voient à l'intérieur de leur système, comme il leur convient que vous soyez pour qu'eux-mêmes se voient beaux... En dépit de ma volonté, je n'échappe sans doute pas moi-même à cette loi.

L'inverse serait du masochisme... C'est intéressant, mais cela ne donne pas plus d'indépendance dans le jugement, ou de liberté à l'égard des systèmes de pensée.

J'avais eu besoin d'exister et j'existais. Un peu. Mais j'avais perdu le contact avec le dragon. Il était grand temps que je parte à sa recherche.

C'est alors que je rencontrai, par hasard, Jean-Jacques Servan-Schreiber...

---

1. La revue de Jean-Paul Sartre, *Les Temps modernes*, consacra quelques colonnes assassines à son recueil de portraits sous la plume de Jacques-Laurent Bost — que Françoise Giroud engagea plus tard à *L'Express* : « Vengeance subtile, comme je les aime. »

Une femme m'a interrompue dans la rédaction de ce récit. Je la connais peu, mais elle séjourne non loin de la maison où je fais retraite et elle a envie, c'est clair, de voir de près la bête blessée et si l'on peut enfin lui tirer la queue...

Le dialogue avec celles que l'on appelle les « vraies femmes » m'a toujours été difficile. Leurs confidences me gênent, elles le sentent et me les épargnent. Mais alors elles n'ont plus rien à me dire. Leurs joies et leurs tourments, je les partage, mais elles ne partagent pas les miens. J'aime à les regarder lorsqu'elles sont belles, je les écoute de bon gré, mais je ne sais pas répondre comme elles le souhaiteraient. Il n'y a pas, entre nous, de connivence.

Celle-ci a bon cœur. Elle voudrait me plaindre et que nous bercions ensemble, en fustigeant « les hommes », la détresse dans laquelle elle m'imagine...

J'aimerais lui faire plaisir mais je n'ai pas eu meilleur visage depuis des années. Le repos physique, que j'ignorais depuis quinze ans, m'a détendu les traits. Tous ceux qui vivent ou ont vécu assis sur mes branches jusqu'à les faire ployer ont disparu, pour toujours ou pour un temps. Personne ne me demande rien, pas même de composer un menu.

L'armure qu'un poste de direction impose à une femme, j'ai pu la déposer[1]. Elle est lourde. Qu'un homme ait ses sautes d'humeur, ses colères, qu'il affiche selon les fluctuations de sa vie privée entrain ou désarroi, on dit de lui : « Quel caractère de cochon ! », et on en admire d'autant le petit chef.

Qu'une femme trahisse de la nervosité, et l'on entend aussitôt : « Décidément, on ne peut pas travailler avec les femmes... » Le gouvernement de deux équipes de travail m'a enseigné cependant que si la maîtrise de soi et l'égalité d'humeur ne sont pas spécifiquement féminines, on les trouve plus rarement encore chez les hommes.

Le téléphone ne sonne pas souvent, et seulement pour me dire : « Nous sommes là. N'ayez pas peur, s'il le faut, de peser sur nous. » La maison que j'habite seule est silencieuse, harmonieuse, baignée de soleil. Alors, bien sûr, j'ai bonne mine. Qui ne l'aurait ?

Agnès est déçue. Je ne coïncide pas avec son schéma. Pour la consoler, je lui dis : « Vous savez, le malheur ne me va pas. Je ne le mets jamais pour sortir. »

---

1. La direction de *L'Express*, qu'elle exerçait avec Jean-Jacques Servan-Schreiber depuis sept ans.

Voilà. Elle se sent mieux. Mais nous tombons aussitôt en plein malentendu. Le malheur, comme le bonheur, n'a pour elle qu'un visage : celui de l'homme.

Elle a été belle. Elle ne l'est plus. Et comme elle n'a jamais rien été d'autre, les hommages se font rares.

Pourtant, elle n'est pas exigeante ; elle n'est plus exigeante.

« Qu'un homme me désire, dit-elle, et de nouveau j'existe. Oh ! ce n'est pas ce que vous croyez ! L'amour m'ennuie et m'a toujours ennuyée. »

Diable ! Si J.J., L. et P. l'entendaient, eux qui ne doutent pas d'avoir tenu entre leurs bras une maîtresse ardente et comblée... « Ça ne vous ennuie pas, vous ? »

Nous y sommes. Elle se croit tout permis. Je bredouille : « Non. »

Et je me lève. Le hâle, heureusement, me laisse le front mat.

Elle insiste : « Vous êtes complètement seule ici ? »

Je ne peux pas lui répondre : Non. Je suis avec ma machine à écrire...

Elle continue : « Ce beau garçon avec lequel je vous ai aperçue, mercredi en bateau, je le connais. Qui est-ce ? »

Il faut en sortir. Qu'on m'attribue le « beau garçon », peu importe. On doit accepter cela avec le reste quand on accepte Paris. Mais celui-ci aime une charmante personne avec laquelle il est heureux. C'est trop bête, à la fin, ce délire féminin. Que dire à cette créature pour lui faire lâcher, sans la blesser, cette croûte à ronger ?

Agnès, chère et désarmante Agnès, il y a des femmes comme vous, et il y en a comme moi, il y en a encore de toutes sortes, ni mieux ni plus mal, ni meilleures ni pires. Autres. Mais plus le temps passera, moins il y en aura, et moins il y en a déjà comme vous.

Un homme, pour moi, ce n'est ni un portefeuille pour assurer mon existence, ni une étiquette dont j'ai besoin pour circuler dans la société, ni un bijou qu'il m'amuserait de porter pour que d'autres me l'envient, ni un sexe où accrocher mon reste de jeunesse pour la retenir, ni un poste à transistor destiné à combler le silence.

C'est un être humain avec lequel je veux trouver ce qu'il y a de plus rare au monde : un langage commun. Communiquer, s'entendre, être entendu et entendre l'autre.

Ce langage est fait de mots et aussi de gestes, bien sûr. On peut commencer par les gestes ; on peut commencer par les mots ; on peut réussir dans les gestes et pas dans les mots, dans les mots et pas dans les gestes. Dans ce cas-là, c'est raté et c'est affreux, parce qu'il arrive qu'on boite longtemps à deux, au lieu d'avoir le courage de reprendre le chemin seul.

On peut aussi se tromper un temps. Qui de nous ne s'est trompé ? En vous parlant, je me souviens d'un bel imbécile aux yeux verts...

Non, je préfère ne pas m'en souvenir. Être absorbée par un homme au corps intelligent et à l'esprit obtus, fût-ce pendant deux mois, c'est la punition suprême.

Quand on a trouvé, il faut encore garder la communication toujours ouverte au niveau le plus profond, et ce n'est pas simple.

Alors, que voulez-vous que ce garçon et moi fassions l'un de l'autre ? Une aventure pour l'été ? Ce n'est pas ma vertu qui s'offusque de vos sous-entendus. Mais l'aventure, ce n'est pas ma partie. À cette solitude à deux, avec tout ce qu'elle exige d'efforts si l'on veut être poli, je préfère, depuis longtemps, excusez-moi, ma propre compagnie.

Je sais. Rien ne ressemble plus aux débuts d'une grande passion que ceux d'une aventure. Mais la passion, j'en sors. J'ai besoin de souffler, longtemps, très longtemps, pour l'éternité si possible. Et puis, il a du charme, ce moment où l'on émerge d'un amour. « Un seul être vous manque et tout est repeuplé[1] », disait Giraudoux. Depuis que j'ai perdu celui que j'aimais, les hommes que je rencontre ont à nouveau des contours, une densité, un regard, et leurs activités m'intéressent.

Lorsqu'il m'arrive de croiser l'une de ces femmes brunes dont le physique eût ému Jean-Jacques, je me sens délicieusement libre. Elles

---

1. Variation humoristique sur le vers de Lamartine : « Un seul être vous manque et tout est dépeuplé. »

peuvent désormais croître et se multiplier. Ce n'est pas moi dont elles risquent de perturber, fût-ce fugitivement, la paix.

Vous avez besoin, Agnès, que l'on vous désire. Le désir d'un homme qui ne vous aime pas, cela confère momentanément une existence, bien sûr. Mais ce plaisir-là, pour agréable et nécessaire qu'il soit à l'éclat du teint, au brillant des prunelles, au lustré des cheveux, il faut savoir qu'il porte sa fin en soi. Je n'essaierai pas de vous faire croire que je le sous-estime ou que je le dédaigne. Aussi longtemps que les uns ou les autres voudront bien m'en faire parfois le don, je le tiendrai pour précieux. Mais le désir, comme le coquelicot, se fane une fois cueilli, s'il ne s'adresse qu'à l'objet.

Vous qui avez cueilli tant d'hommes, Agnès, pour les mettre dans votre chambre, que vous en reste-t-il aujourd'hui ? À moins d'avoir l'âme collectionneuse et de se constituer un herbier à feuilleter pour ses vieux jours, je ne vois qu'une bonne raison de se conduire ainsi : la curiosité.

On ne sait rien d'un homme quand on ne l'a pas vu dans l'exercice de ce qu'on nomme l'amour.

Si c'est ce sentiment qui vous animait, je vous comprendrais. Mais je vous envierais d'en avoir rencontré tant qui aient justifié à vos yeux un tel souci d'information. D'ailleurs, vous n'êtes pas de cette race-là.

Ceux qui, un soir, ou un après-midi de vacances, ont eu envie de vous, vous étiez prête, avec vos airs braves, à leur donner votre temps, vos pensées, votre cœur et leur petit-déjeuner au lit pendant dix ans. L'ennui, c'est qu'ils n'en demandaient pas tant.

Le garçon avec lequel vous m'avez vue en bateau n'en demandait pas tant. Je n'avais d'ailleurs rien de semblable à lui offrir. Savez-vous ce que nous avons fait pendant les huit jours où nous nous sommes trouvés ensemble ? Il a parlé, et je l'ai écouté. Il m'a raconté son métier et la navigation à voiles, qui est pleine de mots superbes et de surprises fulgurantes. Il a commencé à m'apprendre la mer et le vent. Je ne connaissais que la mer des plages, celle qui donne toujours un peu l'impression d'entrer dans des draps sales.

De son voilier, j'ai découvert la mer profonde et son étreinte, la joie de s'y couler en allongeant loin les bras, loin les jambes, le gros dos dur qu'elle fait pour rejeter ceux qui la chevauchent mal, les gifles d'eau qu'elle vous assène. Je n'avais pas peur parce qu'il savait la mer et qu'il me l'expliquait.

Quand il est parti, il m'a embrassée sur le nez et il m'a dit : « Au revoir. Si ça vous a plu, on essaiera de recommencer. »

Je ne suis pas sûre, non, pas sûre du tout qu'il m'aurait dit cela si nous avions navigué sur d'autres vagues. D'ailleurs, l'aurait-il dit, que je m'en serais trouvée bien encombrée. Ne l'aurait-il pas dit, que j'en aurais été bien vexée…

Voilà ce que je vous raconterais, Agnès, si

vous étiez une autre femme, ou si vous étiez un homme.

Mais vous n'en croiriez pas un mot. Alors, je réponds autrement à votre question :

— Qui est ce garçon ? C'est l'amant de B...
Vous savez B., la femme de G.S.

— Comment, c'est lui qui est avec B. ? Je vois très bien ! Il l'adore !

Elle voit... C'est parfait.

En quelques minutes, elle trace le panorama détaillé des liaisons présumées, et des divorces attendus qui, autour d'elle, feront parler Paris pendant quinze jours.

Le pire est que je l'écoute avec intérêt, comme on lit certains articles de journaux, en se méprisant soi-même d'aller jusqu'au bout, et sans pouvoir, cependant, rejeter l'affreuse pâture.

Je ne veux plus vous voir, Agnès. Ni vous ni vos semblables. Si j'étais totalement étrangère à votre race, vous m'ennuieriez ou m'amuseriez ; je ne risquerais rien. Mais quoi, je suis une femme ; je pleure en voyant *La Dame aux camélias* ; il m'est arrivé de choisir, dans une pile de livres nouveaux, un médiocre roman d'amour de préférence à un ouvrage d'économie politique ; le Tour de France m'exaspère, l'astrologie me trouble, les frelons me terrorisent et les mélodies de Tchaïkovski me paraissent moins exécrables qu'il ne convient à un amateur de bonne musique...

C'est assez pour que vous soyez, à mes yeux, sans mystère. C'est trop pour que je ne ressente pas à vous voir cette démangeaison désagréable qu'il est arrivé à chacun d'éprouver devant tel membre de sa famille ou de son groupe qui lui ressemble.

Et puis, cette façon, qui n'est pas réservée aux femmes mais que la plupart d'entre elles développent, de ne pouvoir soutenir une conversation qu'en dépeçant, fût-ce avec bienveillance et avec pertinence, les événements de la vie des autres et leur comportement face à ces événements ; cette façon que nous avons tous de supporter avec courage les malheurs d'autrui, de résoudre avec clairvoyance tous les problèmes, d'élever à merveille tous les enfants, de meubler avec goût tous les appartements, de gérer avec sagesse tous les budgets, de gouverner avec maîtrise toutes les passions, à une seule condition : que ce ne soient pas les nôtres, cette façon, si je ne puis y échapper totalement, je veux du moins essayer.

Je crois que Jean-Jacques m'a plu parce qu'il ne parlait jamais des autres, bien que j'aie mis moins de huit jours pour comprendre que cette attitude n'était pas hauteur d'âme, mais cécité. Les autres, il ne les voyait pas...

Jean-Jacques, Pierre, Marc... Me faut-il parler d'eux ? Dans le tamis où je secoue ma mémoire, je verrai bien ce qui deviendra poussière et ce qui restera.

Jean-Jacques, pour l'instant, ne paraît pas disposé à se désagréger. Sans cesse, il s'interpose entre le passé et le présent, comme s'il ne se décidait ni à s'intégrer au passé, ni à sortir du présent. Il arrive même qu'il occulte l'avenir. Jean-Jacques est, par nature, très encombrant. J'ai parfois souhaité qu'il soit physiquement anéanti. Ainsi, je pourrais penser tranquillement à lui. Sa présence ne m'a jamais été nécessaire. Ses absences, qui furent parfois très longues, ne m'ont jamais pesé. Nous ne cessions guère d'être ensemble.

Un soir qu'il était loin, et depuis plusieurs mois, je suis allée dîner à la campagne, chez son père. Lorsque celui-ci m'a vue, il s'est écrié : « Comment ! Vous avez fait cette route toute seule, dans le noir ! La pauvre petite ! »

J'ai eu besoin de quelques minutes pour comprendre, tant la solitude matérielle m'est familière et se confond pour moi avec l'autono-mie, et tant je me sentais protégée par Jean-Jacques de l'autre solitude.

Jusqu'au bout, il aura été attentif, essayant de croire et de me faire croire que la communi-cation entre nous ne pouvait pas être rompue, fût-ce en permettant à un troisième interlocuteur de se brancher sur la ligne. Jean-Jacques n'a jamais eu ni l'intelligence des êtres humains, ni le sens du possible.

Ce fut le meilleur de sa force, cette faculté de nier les autres en même temps que l'impossible. Aussi, que n'a-t-il pas détruit, qui n'a-t-il pas détruit, à considérer choses et gens, y compris la France et les Français, comme s'ils n'existaient pas avant lui, comme s'ils ne pouvaient exister hors de lui ou sans lui. Mais sur chaque nouveau chantier de démolition, ce bâtisseur ne doutait pas qu'il élèverait un jour l'orgueilleuse cathédrale dont il serait la flèche.

J'ai tenu bon près de lui, avec lui, en lui, parce qu'il m'avait, en apparence, guérie du mal de mon enfance. Sa place dans le monde, il en était si assuré, il la voyait si vaste, si éclatante, il imaginait si peu qu'on eût à lui pardonner de l'occuper ; il accordait tant de poids à ses paroles, tant d'importance à ses gestes, qu'il finissait par en convaincre tous ceux qui l'approchaient.

En me désignant comme reine, ce petit roi m'avait creusé une place où tous les aspects de ma vie s'étaient insérés. J'étais utile puisque je servais par mon travail de grands desseins. J'étais belle puisqu'il me voyait telle. J'étais libre, puisque nous n'étions liés que par notre volonté commune et sans cesse vérifiée ; j'étais, enfin, disculpée.

Surtout, nos folies particulières coïncidaient. Depuis ses plus jeunes années, on avait exigé de lui qu'il fût toujours premier. Comme tous ceux qui sont ainsi faits, il ne supportait autour de lui aucun homme en état de rivaliser, à moins que celui-ci fût assez âgé pour n'être point concurrent, mais modèle, référence. D'une femme, il ne craignait rien. Nos lignes de force ne pouvaient pas se heurter puisqu'elles étaient parallèles.

De mon côté, je pouvais vivre femme, c'est-à-dire me plier à ses horaires, me soumettre à son mode de vie, m'accommoder de ses humeurs, me taire lorsqu'il parlait, me nourrir, m'habiller, m'endormir, selon ses goûts, et en être heureuse, puisqu'en même temps je vivais en homme. C'est-à-dire financièrement indépendante, ne rusant pas pour l'affronter et emporter une décision dès lors qu'il s'agissait de sujets extérieurs à nous-mêmes, compagnon et non lieutenant, dirigeante et non exécutante, autonome dans ma démarche.

Que l'on bavarde à mon sujet en termes bienveillants ou critiques, je crois que nul n'aurait songé à dire, pour me désigner ou me situer : « C'est la maîtresse de Jean-Jacques. » Je n'étais pas plus la moitié de lui qu'il n'était la moitié de moi.

De quelle tension nerveuse, de quelle usure, se paye cette double existence, cette permanente acrobatie vers laquelle tend toute une nouvelle race de femmes, il faut l'avoir pratiquée pour le savoir… Je ne la recommande pas. Simplement, je dis qu'elle convenait à mes dispositions personnelles, comme leur convenait la répugnance qu'affichait Jean-Jacques pour le mariage.

Là aussi, bien que d'origines différentes, nos folies particulières se rejoignaient.

Il avait raté son mariage. Je n'avais pas réussi le mien. Ici, il me semble que les circonstances extérieures l'avaient emporté sur ma volonté consciente et inconsciente. J'étais entrée dans le mariage résolue à vivre cette situation le plus harmonieusement possible. Mon mari le souhaitait aussi et il avait eu l'intelligence de me laisser choisir librement mon mode de vie. J'avais choisi de m'intéresser à ses affaires, et de l'y aider. Mon premier enfant était né, pendant la guerre, dans des conditions telles qu'il m'avait fallu me séparer de lui aussitôt[1]. J'attendais le second avec un grand désir de ne pas le bâcler et d'aller, cette fois, au fond de cette expérience-là. Les dieux en décidèrent autrement. Du jour au lendemain, je fus contrainte, réellement contrainte cette fois, de décrocher la panoplie du petit chef de famille au milieu de difficultés si nombreuses que je dus concentrer toute mon énergie sur un seul problème : assurer la subsistance des miens et ma propre survie[2].

Lorsque, dix-huit mois plus tard, mon mari fut en état de reprendre une activité, j'étais engagée dans une nouvelle carrière, je travaillais en moyenne seize heures par jour, j'avais saisi, par hasard, le journalisme entre mes dents et, dans

1. Enceinte pendant la débâcle d'un homme réfugié en Espagne, Élie Nahmias, Françoise fit adopter son fils, Alain, né le 13 avril 1941 à Nice, par un autre, Pierre Danis, et le confia ensuite à sa mère. Elle était ce qu'on appelait alors « fille-mère » : « On ne peut pas imaginer aujourd'hui où cela vous plaçait dans la société : un peu au-dessous de putain », écrit-elle dans *On ne peut pas être heureux tout le temps.*
2. Son mari, Anatole Eliacheff, producteur de cinéma, épousé le 13 juin 1946, avec qui elle avait l'intention de travailler, fut arrêté avant même leur premier anniversaire de mariage, et jugé à Lille pour collaboration économique. Condamné à cinq ans de réclusion et à la confiscation de tous ses biens, il vit sa peine ramenée à dix-huit mois quand Françoise réussit à faire délocaliser son dossier. Il sortit de la prison de Douai, où elle allait le voir chaque semaine, le 18 juin 1948.

ce cas-là, je ne sais pas lâcher. Le temps du mariage vécu comme carrière, et c'est ainsi qu'il faut le vivre si l'on veut avoir une chance de succès, était passé. Reste que si le mariage avait été ma vocation, j'aurais peut-être changé de mari au lieu de changer de carrière. Allons, il n'y a rien à faire. On est toujours responsable de soi.

J'ai oublié de parler de Pierre[1]. C'est curieux. Pourtant, autant il m'est encore difficile aujourd'hui d'évoquer Marc ou Jean-Jacques sans que quelque chose se mette debout dans ma poitrine et la creuse, autant le souvenir de Pierre m'est doux. Mais lui, il ne m'a jamais fait mal. Alors voilà, le tamis le laisse passer. Il faut que je le retienne un moment parce que j'ai vécu avec lui une situation théoriquement désastreuse pour une jeune femme : *back street*. Or, pratiquement, elle m'a été bénéfique et elle peut l'être à d'autres, à condition de faire craquer le vieux moule ou l'on a coulé longtemps les malheurs et les bonheurs des femmes.

Disputer un homme à sa légitime épouse, accepter les allées et venues d'un domicile à l'autre ; regarder, larme à l'œil, la valise que l'on fait et que l'on défait ; subir les états d'âme d'un

1. Sans doute Pierre Danis, à qui elle fit adopter son fils Alain, et qui était marié… Les lettres que Françoise a conservées de lui témoignent de son amour — éconduit — et de sa jalousie. Il travaillait dans le cinéma.

monsieur qui se croit déchiré, indécis et qui, en vérité, est parfaitement décidé : il veut les deux, l'épouse et l'autre ; vivre dans l'ombre, cachée, interdite, tremblante à l'idée d'être vus ensemble, trop contente le jour où il vous demande de lui recoudre un bouton, non. Cela ne peut guère être bénéfique. Seulement dégradant et réduisant la femme qui s'y prête à n'être même pas la moitié d'un être humain, mais le tiers. Ce temps-là fut très court.

Autre chose est d'adhérer à un homme par une face de soi et de garder la seconde disponible, tendue vers d'autres accomplissements. Cela postule évidemment l'indépendance économique. On y revient toujours.

Je ne dis pas que cette situation soit idéale, surtout lorsqu'elle se prolonge. Mais si elle se présente, c'est ainsi qu'il faut essayer de la vivre, comme un stage[1].

J'ai rencontré Pierre au Maroc où nous participions l'un et l'autre à la réalisation d'un film[2]. Le producteur m'avait trouvée bien jeunette pour m'expédier, seule parmi une trentaine d'hommes, dans le désert pendant deux mois. Bossue et bigle, je n'eus pas été moins exposée, au contraire. Ces messieurs auraient tardé davantage à se manifester, mais en se disant à la fin qu'ils étaient encore bien bons pour la bigle...

1. « Fuyez l'homme marié, fillettes, fuyez. Il vous volera votre jeunesse », écrira-t-elle au contraire plus tard dans *Leçons particulières*.
2. *Courrier Sud* de Pierre Billon, tiré du roman de Saint-Exupéry, tourné à Mogador (Essaouira) en 1936.

J'avais rejoint la troupe cependant, dès les premiers jours, parce que Saint-Exupéry, qui suivait les prises de vues, avait déclaré : « Elle sera sous ma protection. »

Douce et puissante protection.

J'ignore la nature des sentiments que Saint-Ex nourrissait pour l'enfant triste que j'étais alors. Moi, je le voyais comme un ange. Il m'apprenait de vieilles chansons : « Aux marches du Palais, y a une tant belle fille... » Il me racontait le ciel des aviateurs ; il faisait, avec la dextérité d'un professionnel mais sans le bavardage, d'impénétrables tours de cartes. Il savait tout, il était grand, il était fort, il n'avait jamais ni chaud, ni froid, ni faim, ni sommeil. À l'ombre de ses ailes, je me sentais en sécurité comme je ne l'avais jamais été, et comme je ne l'ai jamais été depuis.

Pierre n'était pas un ange, il s'en faut. Plutôt un séducteur-né : je n'ai pas connu d'homme qui poussât à un plus haut degré l'intelligence des femmes.

Rien de Don Juan, aucune angoisse, aucune fuite en avant dans la conquête sans cesse renouvelée, aucune comptabilité. Aucun cynisme, non plus. Don Juan hait les femmes. Pierre les aimait. Don Juan détruit les femmes et ne leur laisse que la force de le détester et de se mépriser. Pierre polissait les femmes et rompait avec tant de grâce qu'elles lui conservaient toutes un souvenir ému. Pourquoi leur plaisait-il ? Il était séduisant, certes, élancé et fin, allure fière d'Espagnol aux yeux verts, charme de Français léger, réserve d'Anglais policé. Son sang charriait un peu tout cela, et le mélange était au point, redoutable. Mais surtout, il faisait rire.

Je sais que si j'ai tenu à lui si longtemps, c'est parce qu'il n'a pas cessé de me faire rire, moi qui n'avais jamais ri.

Saint-Ex, que tant d'aisance spontanée et de sérénité joyeuse fascinaient, le questionnait inlassablement. Pierre se soumettait de bonne grâce à ces investigations. Mais le résultat décevait. Il n'avait ni secrets techniques à révéler, ni astuces à dévoiler. Il plaisait comme d'autres déplaisent, involontairement.

Ce séducteur, qui avait vingt ans de plus que moi, se retrouva un jour, contre son gré et contre le mien, séduit. Quand il est mort, dix ans plus tard, en prononçant mon nom, il était encore tout surpris et vaguement inquiet d'être demeuré si longtemps épris et fidèle.

Il exerçait bien et consciencieusement son métier, mais sa vocation, son don créateur étaient ailleurs. Ses œuvres portaient toutes des noms de femmes.

Il me tenait, je crois, pour son chef-d'œuvre. Touché par la grâce de l'amour, ce libertin avait mis soudain l'infini dans une femme et lui avait offert le royaume où il était maître. Mais il avait su renoncer pour elle à pousser les portes qu'elle ne souhaitait pas franchir.

Pierre ne m'a jamais coûté une larme. Qu'il fût marié me gênait peu ! Je ne me voyais pas discutant avec lui du repassage de ses chemises ou le soignant, malade. Et nous y serions fatalement arrivés, s'il avait été libre. Il ne me voyait pas davantage dans cet emploi, si bien tenu par ailleurs auprès de lui par une femme admirable. Qu'est-ce qu'une femme admirable ? Une femme qui supporte courageusement un homme lorsqu'il est défait, seul, souffrant, en perte de vitesse, et qui cesse d'être autorisée à le voir autrement que de profil lorsque à nouveau un élan le porte, un objectif le requiert.

Tout le temps où Pierre fut malade, souffrant l'enfer, il ne me vit que dans les moments où, dopé, il pouvait encore faire bonne figure.

Il ne pesa sur moi que de tout le poids de sa jalousie. Elle était sans objet, mais fondée cependant. Je ne le trahissais pas avec des garçons mais avec des idées qui m'éloignaient de lui. Faire quelque chose, créer quelque chose, chasser le Mal de ce monde. Et c'est bien cela, la vraie trahison, celle qui consiste à tenter de s'envoler seul tandis que l'autre attend en bas que l'on décolle ou que l'on pique du nez.

Il me harcelait pour le moindre sourire adressé à un représentant du sexe masculin. Surtout, la jalousie rétrospective, la vraie jalousie des hommes, le ravageait, et celle-là ne s'apaise jamais. Plus on raconte, plus on offense. Un soir, il m'accusa de lui avoir caché une liaison ancienne. Il se trompait. J'avais peu à dire et je n'avais rien caché. Mais, comme à l'accoutumée, l'accusation injuste me laissa muette, figée dans une attitude de coupable. En fait, je me sentais coupable. Qu'étais-je venue faire dans la vie de Pierre, sinon la troubler et la teinter d'angoisse ? La scène se passait dans une chambre d'hôtel à Marseille. Il était très tard et la journée de travail avait été particulièrement longue et pénible. Pierre marchait entre le lit et l'armoire, suppliant : « Enfin, dis quelque chose, défends-toi... »

J'étais immobile devant la fenêtre ouverte, écoutant la rumeur nocturne du port. Qu'avais-je fait de ma courte vie, que parviendrais-je à en faire qui me justifiât d'être, quelle raison de vivre trouver à cette jeune femme blessante et superfétatoire qu'un homme prétendait, de surcroît, tenir en laisse ?

Le ciel était clair. J'y cherchai une étoile que j'ai assimilée, je ne sais pourquoi, à mon père. Je crois qu'elle s'est allumée le jour où il est mort. L'étoile était là, si haute...

Je me suis penchée par la fenêtre. Pierre n'a eu que le temps de me retenir par l'épaule. Il n'a pas compris ce qui s'était passé. Moi non plus. C'est aujourd'hui seulement que pas à pas, engouffrée dans un tunnel obscur dont je ne vois pas la fin, je déchiffre avec infiniment de peine les hiéroglyphes du passé.

Marc m'aimait bien. Jean-Jacques s'aimait en moi. Je dois à Pierre d'avoir été aimée. Il m'en est resté non pas de l'assurance, mais une sorte de confiance dans le corps et dans le cœur des hommes.

C'est en moi que je n'ai pas su avoir confiance.

C'est contre moi qu'inlassablement j'ai exercé des représailles, chaque fois que j'ai cru me surprendre en flagrant délit, superflue, inutile, gênante.

À ce jeu-là, j'ai fini par gagner. Ce n'était pas inéluctable mais nul autre que moi-même ne porte la responsabilité de la punition dernière que je me suis infligée en organisant méthodiquement, un soir de mai, mon suicide.

J'espérais du moins que ce serait la dernière. Que d'orgueil... Je voulais jusqu'au bout me gouverner. Que de prétention... Je me croyais libre de déposer ma vie parce que je n'en voulais plus. Que d'assurance...

La punition dernière, je la connais maintenant. C'est de vivre en sachant que l'on ne peut pas rompre à volonté avec soi-même.

Il fut heureux aussi le temps où, avec Hélène Lazareff, je dirigeais la rédaction de *Elle*[1]...

Je ne savais rien, mais ce qui s'appelle rien, du journalisme. À toute autre époque, l'idée eût été saugrenue, impensable, de me confier un tel poste sans long apprentissage. Mais la guerre venait à peine de finir et tout avait été bouleversé. Les journaux qui se créaient repartaient de zéro.

J'avais fait, d'octobre 1940 à janvier 1941, un stage bref à la rédaction de *Paris-Soir zone libre*, replié à Lyon. Quelques journalistes qui, depuis, ont fait parler d'eux, s'y trouvaient également, inconnus ou presque. Raymond Cartier, Marcelle Ségal, Roger Vailland.

Le directeur de *Paris-Soir*, Hervé Mille, me confiait parfois des tâches obscures qui m'assuraient de quoi subsister en attendant que l'activité cinématographique reprenne. Je lui avais d'abord remis un conte qui fut publié. Ma chance vou-

1. De 1946 à 1953.

lut que le chef de vente, rencontrant le Maître de *Paris-Soir*, Jean Prouvost, lui dise : « Ça c'est un conte... Si on en avait tous les jours des comme ça... » Qui sait ce qui lui avait plu dans cette élucubration ?

Jean Prouvost s'enquit de l'auteur. Notre premier contact ne fut pas des meilleurs.

— Ah ! c'est vous, dit-il, la petite brune qui traîne dans le bureau d'Hervé...

— Oui, monsieur.

— Appelez-le « Patron », me souffla-t-on.

— Non.

— Il y tient !

— Tant pis. Il s'en passera.

Il s'en passa d'autant plus aisément que je rentrai bientôt à Paris, n'ayant jamais eu l'impression d'avoir produit, au cours de cette activité provisoire, la moindre étincelle.

Mon dernier contact direct avec Jean Prouvost, que je rencontrai souvent par la suite, se situe en février 1960. Il sortait de la générale d'une mauvaise pièce. Je sortais de la générale des *Chœurs et Ballets soviétiques*. Je lui dis :

— C'est là que vous auriez dû aller. Le spectacle est magnifique.

— Ah vous, ça ne m'étonne pas que vous aimiez ça : femme d'extrême gauche ! répondit-il en riant

Il est unique. S'il existait un musée des hommes, Jean Prouvost devrait y figurer dernier et, il faut bien le dire, génial représentant du patron de droit divin.

Fin 1945, Hervé Mille, qui n'avait pas été pour moi un « à bientôt », mais un ami, et qui disposait d'un radar pour détecter les bêtes à journaux, signala mon existence à Hélène Lazareff.

Celle-ci, que je ne connaissais pas, me téléphona et me pria de venir déjeuner chez elle. J'obéis à la curiosité, n'ayant nullement le désir de changer de métier. Le mien me convenait et me laissait des loisirs dont je voulais user pour écrire un livre.

Mais il arriva qu'en la voyant, je fus ensorcelée. Cela se passait le 20 janvier 1946, jour de la démission du président du Conseil, Charles de Gaulle. Rentrant chez lui, Pierre Lazareff poussa la porte et annonça la nouvelle, qui accapara notre attention. Je ne le connaissais pas non plus. Ils me parurent extraordinaires, tous les deux, se ressemblant dans la vivacité, l'intérêt, l'acuité de la passion qu'ils portaient à tout et à tous, mais ne ressemblant à personne. Chacun des deux, si on les séparait, serait peut-être réductible au commun dénominateur de quelques autres hommes, de quelques autres femmes. Ensemble, ils forment une personne à part que l'on peut blesser, écorcher, traquer, aimer, détester, tirer à soi ou repousser, mais que l'on ne peut pas couper sans que les deux parties se rejoignent. Sinon, la personne périrait. C'est un couple.

Elle, âgé de quatre semaines, était encore dans les langes, en concurrence directe avec trois autres hebdomadaires féminins. L'un disparut, le deuxième fut absorbé par *Elle*, le troisième, le plus coriace, finit par se transformer en mensuel.

Là aussi, nous ne fûmes pas nombreux et aussi mal logés, plus encore peut-être que dans les débuts de *L'Express*. Avec Jean-Jacques Servan-Schreiber, j'ai partagé pendant deux ans un bureau de neuf mètres carrés sans fenêtre, et nous déjeunions en glissant des plateaux d'avion entre les machines à écrire. Mais les murs étaient propres et les sols recouverts de moquette.

Avec Hélène Lazareff, et notre secrétaire commune, j'ai partagé pendant trois ans un bureau de douze mètres carrés. Il y avait une fenêtre. Elle donnait au premier étage, sur la cour où ronflaient avec un bruit de forge les motos des livreurs de *France-Soir*. Les murs étaient sales et le sol délabré.

Il nous est même arrivé, lorsque le bureau se remplissait, de partager une chaise. Elle est menue. Je suis mince, du côté où l'on s'assoit. Nous tenions très bien, sur cette chaise.

Comme tous les personnages connus, Hélène Lazareff est inconnue, dans son meilleur, comme dans son pire. D'autant plus inconnue que, comme beaucoup de femmes volubiles, elle ne se livre jamais. Moins encore. La trahissent seulement parfois un petit visage nerveux qui se crispe ou s'éclaire, et des yeux noirs de loup.

Nous avons travaillé sept ans ensemble — décidément, c'est ma distance —, nous avons déjeuné, dîné ensemble presque tous les jours, sans échanger plus de deux ou trois fois, hors du travail, des propos vraiment personnels, sans nous faire la moindre confidence d'ordre privé. C'eût été, d'ailleurs, inutile. Le bruit que font les mots n'eût servi qu'à brouiller la communication qui était parfaitement claire. Nous nous en sommes servies quelquefois, à cette fin, lorsqu'il fallait vraiment préserver quelque chose de l'oreille ou du regard de l'autre. Il n'est pas certain que nous y soyons arrivées.

La fantaisie d'Hélène était extrême, comme ses passions. Je crains d'en manquer, hélas. Mais pour faire un journal, c'eût été trop de deux.

Je pense toujours à elle lorsqu'il m'arrive de conduire une de ces voitures italiennes, fines, presque frêles, qui ont souvent besoin de soins mais qui vous filent entre les doigts, bondissant à peine lâchées, et que les puissantes machines s'épuisent à vouloir dépasser.

Moi, je tiens plutôt du remorqueur. La combinaison était bonne. Il y en a toujours une à l'origine d'un journal qui réussit.

Celui-là fut dur à arracher. À peine avions nous commencé qu'Hélène Lazareff tomba malade. J'étais très inexpérimentée et, parce que j'attendais un enfant[1], je souhaitais alors ralentir mon activité et même débrayer complètement. Je n'avais pas encore le goût du journalisme.

1. Caroline Eliacheff, qui naîtra le 5 juin 1947.

145

Mon métier, c'était le cinéma. Je n'ai jamais eu le goût de l'autorité. Diriger quoi que ce fût ne me tentait guère. Et puis, tout en paraissant la rechercher, je fuyais comme toujours l'intégration à un milieu, à un groupe, à la société.

Je n'ai compris que beaucoup plus tard pourquoi cette attitude constante n'est pas contradictoire avec la direction d'une équipe. C'est qu'on ne livre, dans le travail, qu'une face de soi. Celle-là est satisfaite quand je me déculpabilise d'être, par l'effort poussé jusques et au-delà de mes limites, pour courir derrière quelque dragon. L'autre n'est pas impliquée. On ne s'intègre pas à une société par le travail. On y prend une place mais on est toujours libre de ne pas l'occuper.

Lorsqu'il devint évident qu'Hélène serait immobilisée pendant trois mois, Pierre Lazareff réunit, dans notre bureau de poche, quelques collaborateurs de *France-Soir*. Il y avait, si j'ai bonne mémoire, Charles Gombault, Max Corre, Pierre Daninos, Jean Éparvier... Et Pierre Gaxotte, auquel une vieille amitié me liait, et qui rédigeait, de sa petite écriture régulière, les premières pages de *Elle* avec une ponctualité à laquelle Hélène ne parvenait pas à s'habituer. Quoi qu'il arrivât, à midi, il décrochait son pardessus, son chapeau, et il partait. C'était parfois l'heure où elle arrivait, la tête pleine d'idées. Il partait quand même. Il n'y a jamais eu entre eux qu'une seule incompatibilité, mais elle était décisive : celle de leur notion personnelle de l'heure.

Lorsque je vis ce groupe d'hommes ennuyés qui allaient prendre entre leurs mains expertes mais froides notre bébé-journal si fragile, j'eus l'impression de le mettre à l'Assistance publique. Allons, mes erreurs lui seraient moins néfastes, parce que je l'aimais, que leurs compétences, parce qu'elles seraient indifférentes. Je pouvais bien faire cet effort... Trois mois...

Mais lorsque Hélène revint, enfin rétablie, c'est de mon mari que je fus privée[1]. Il n'était plus question que je débraye, au contraire.

Hors le combat nécessaire, mais toujours morne, pour le pain quotidien, je mis bientôt la main sur le dragon.

Il fallait arriver à parler aux femmes et, pour employer un mot que je n'aime pas mais dont je ne trouve pas un meilleur équivalent, à les démystifier. Je ne voulais pas leur apporter du rêve, au contraire. Je n'ai pas gardé les articles que j'ai écrits pendant cette période parce que je n'y ai pas pensé — je me souviens de ma stupéfaction lorsque j'ai découvert que la secrétaire de Servan-Schreiber était chargée de découper et de coller dans un superbe album chacun de ses papiers. C'est qu'il a le sens du sacré, et que je ne l'ai pas — mais je sais que jamais Hélène ne s'opposa à ce que j'aborde à rebrousse-poil les sujets les plus scabreux, contrairement aux règles qui régissent les magazines féminins.

1. Le 15 février 1947, quand son mari, Anatole Eliacheff, dit Tolia, fut arrêté à Paris.

Il est entendu, dans ce journalisme là, que les femmes n'ont jamais d'amant, n'avortent en aucune circonstance, que les hommes préfèrent les laides, que tous les enfants aiment leurs parents et réciproquement, que la vertu enfin est toujours récompensée, surtout quand on sait bien se maquiller. La raison en est simple : le prix de revient de ces magazines, avec leurs pages en couleurs, leurs photos de mode, leur beau papier, est considérable. Pour amortir les frais, et pour en arriver aux bénéfices, il faut atteindre un tirage d'autant plus important que la concurrence est féroce. Les prix de vente doivent donc s'aligner de magazine à magazine, et les recettes publicitaires qui alimentent cette presse vont forcément aux journaux les plus largement diffusés.

Or, une certaine liberté de ton, une certaine optique aliènent automatiquement au journal qui s'y risque, même exceptionnellement, toute la clientèle féminine qui réagit selon ce qu'en pense M. le curé.

Cela fait beaucoup de monde, une fois franchies les limites de la région parisienne. Il y a des zones entières de la France où un journal qui imprime le mot « amant » ne pénétrera jamais.

Quant à l'appétit de rêve... J'ai découvert un jour dans un magazine destiné aux femmes communistes une lettre par laquelle une lectrice demandait un conseil. Il n'y était question que d'une amie fascinante chez qui l'on buvait du champagne et qui ensorcelait tous les hommes.

La réponse aurait pu figurer dans *La Veillée des chaumières*. Je recommande toujours la lecture de ce magazine et des pages féminines des journaux communistes aux hommes de gauche qui prennent leurs désirs pour des réalités. Mais c'est leur façon à eux de rêver.

Qu'on me dise : ceci est impossible dans une société socialiste, où les journaux n'ont pas à se préoccuper d'équilibrer leur budget et de satisfaire leurs commanditaires, mais seulement d'éduquer le public, je souscris entièrement. Faisons une société socialiste. Mais la démagogie, là comme ailleurs, est horripilante. Quand on ne veut pas porter atteinte au système capitaliste, par crainte de ce qui pourrait s'écrouler avec lui, quand on veut d'abord conserver sa petite maison, son petit magasin, sa petite bonne, sa petite école privée, son petit quant-à-soi et son petit droit de crier : « Le Premier ministre est un c... », on ne pousse pas des cris offensés parce que les gens qui veulent conserver leur grande maison, leur grand magasin, leurs trois domestiques, leurs grands prélats et leurs grands droits de faire voter les lois qu'elles plaisent ou non au Premier ministre, font ce qu'il faut pour accumuler l'argent nécessaire à ces diverses opérations. Leur façon de vivre peut offenser la morale ou le bon goût. On peut tenter de les obliger à la modifier en réformant tel ou tel secteur de l'économie. C'est offenser la logique que de confondre, volontairement, les symboles de l'argent avec la source de l'argent.

Le système capitaliste produit des fortunes. Lorsque ces fortunes sont fondées sur des entreprises de presse, celles-ci, à des degrés divers, sont tenues de solliciter l'adhésion ou au moins l'intérêt d'un grand nombre de lecteurs. De lectrices, lorsqu'il s'agit de la presse féminine. Et les lectrices, dès qu'on atteint les grands nombres, veulent rêver, d'accord avec leur confesseur.

Pour ma faible part, je ne leur ai pas donné ni rêve, ni billets de confession, jamais. Et, je le répète, on ne m'a pas brimée lorsque j'ai voulu écrire sur le mariage et sur la frigidité, sur les péchés capitaux et sur la propreté, sur le divorce et sur la situation des femmes dans la société.

J'ai peut-être écrit des choses mauvaises, fausses, je n'ai peut-être pas su exprimer ce que je pensais, j'ai peut-être mal pensé, mais je n'ai rien eu à concéder.

Sur des sujets ouvertement politiques, j'écrivais ailleurs, dans *Carrefour,* l'hebdomadaire de l'époque qui avait le plus de tenue. On m'y trouvait bien un peu vive ; mes articles étaient cependant publiés.

Puis il m'arriva une petite aventure dont les journalistes trop occupés ne sont jamais tout à fait à l'abri. Je travaillais six jours par semaine à *Elle,* deux nuits par semaine pour rédiger des « portraits » que publiait *France-Dimanche,* et le dimanche j'écrivais l'éditorial de *Carrefour.* Résultat pratique : je ne savais pas ce qu'imprimaient les deux journaux auxquels je collaborais, en dehors de *Elle*, parce que je ne les lisais pas, ou en zigzag.

Un jour, Pierre Lazareff me dit : « Vous avez lu *Carrefour*, cette semaine ? » Je le regardai. Et je donnai ma démission. Comme je commençais à être consciente qu'il n'y avait pas « la politique », et puis « le reste », comme quatre heures de sommeil supplémentaires par semaine constituaient le seul luxe que je rêvais de m'offrir, je ne cherchai pas une autre tribune.

La conjoncture française était d'ailleurs fort différente de ce qu'elle est devenue, je comprenais mal comment elle s'inscrivait dans le contexte international et celui-ci m'échappait.

Et où trouver le temps de lire, de réfléchir, de m'instruire auprès de ceux qui auraient pu m'informer ?

Quand on connaît mal les données d'un problème, ce n'est pas un article lu ici ou là qui vous éclaire mieux. Si l'auteur de l'article écrit bien et qu'il a du ton, il emporte l'adhésion. S'il est filandreux, c'est le contraire. Le fond compte moins que la forme. C'est pourquoi le talent est si dangereux et la personnalité de celui qui écrit si importante. Quelqu'un qui vous déplaît ne vous convainc jamais. Et pourquoi quelqu'un que vous n'avez jamais vu, dont vous ignorez le visage, la voix, l'écriture même, et qui vous parle de l'Angleterre ou de la Chine, vous déplaît-il... Ou vous plaît-il ? Ce phénomène est plus compréhensible, mais encore plus grave à la radio et, maintenant à la télévision. Qu'est-ce

151

qui accroche, qu'est-ce qui hérisse, qu'est-ce qui retient, qu'est-ce qui éloigne, quelque chose de mystérieux, d'invisible et, en tout cas, de subjectif.

Selon que je lisais l'un ou l'autre, j'oscillais... J'avais encore beaucoup de chemin à faire et peu de loisirs pour l'accomplir.

Et puis j'étais sortie de la guerre persuadée que les démocraties avaient triomphé du Mal majeur, le fascisme.

En 1945, lorsque la paix revint, presque tous mes amis étaient morts ou déportés. Je haïssais les Allemands et plus encore les miliciens. Du moins, je le croyais.

Le premier mort de « l'épuration », dont je fus en partie responsable, me réveilla. J'avais su que cet homme allait être exécuté, et je le connaissais bien. Il ne m'avait, personnellement, rien fait. J'aurais pu le prévenir pour qu'il prenne la fuite. Je n'ai pas bougé. Il avait dénoncé, torturé. Oui, mais moi, je n'ai pas bougé. Lorsqu'on me dit : « Ça y est, il est liquidé », je me demandai si je n'étais pas en train de trahir tout ce pour quoi j'avais cru me battre. Si j'acceptais, le cœur tranquille, que l'on assassinât, je m'étais trompée sur les raisons premières pour lesquelles j'avais choisi en 1940 mon camp.

Si je traitais mes ennemis d'hier comme ils auraient voulu me traiter, je réduisais notre conflit à une bataille d'animaux sauvages où le plus fort gagne et mange l'autre.

Je dois à ce mort la mise à l'épreuve d'un principe : celui au nom duquel la destruction physique d'un être humain ne m'apparaît tolérable de sang-froid qu'au moment suprême où, si je ne tire pas, c'est lui qui tirera.

Un ami, dont le fils avait été fusillé par les Allemands après avoir été mis à la torture par les miliciens français, me dit : « Laissez-les vivre et vous verrez ce que ces gens-là feront dans quinze ans... Vous prétendez que vous voulez voir s'instituer la démocratie et vous lui laissez le poison fasciste dans le sang. Votre attitude est la marque d'une faiblesse de caractère et rien d'autre. Vous ne voulez pas avoir des morts sur la conscience en temps de paix. Chère petite conscience, précieuse petite conscience de luxe... »

Il avait peut-être raison. Mais la démocratie que nous croyions vouloir tous les deux peut-elle s'instaurer, vivre, se développer, progresser, si elle accepte d'abord le sacrifice humain ?

Les lendemains qui chantent exigent-ils que le présent soit sanglant ?

Mon interlocuteur a, pour sa part, répondu « oui » à cette question, et se voit aujourd'hui tout près de triompher, il ne manque pas une occasion de me rappeler notre conversation.

Je lui réponds qu'il se trompe en cela que mes adversaires d'aujourd'hui ne sont pas forcément ceux d'hier, que ce sont les situations qui sécrètent les hommes et non les hommes qui sécrètent les situations.

Mais après la guerre la question cessa assez vite de se poser. Tout semblait rentrer dans l'ordre, et mon vieil ennemi, le pouvoir de l'argent, paraissait avoir du plomb dans l'aile. L'injuste n'avait pas disparu, mais je croyais voir que l'écart entre la situation matérielle des moins favorisés et celle des plus favorisés (hors les quelques vrais riches) finirait par se réduire, que nous allions, en tout cas, plus ou moins vite, dans le bon sens. Quand je me souvenais des conditions de travail avant 1936, de la terreur qu'inspirait la perspective d'une maladie, de l'interdiction qui pesait d'envisager quoi que ce soit qui ressemble à des vacances, des semaines de soixante-dix heures sans rémunération supplémentaire...

Ce confort intellectuel fut, hélas, assez vite menacé. Je ne passais pas mes jours à penser à l'avenir de la France et des Français. Mais lorsque quelque événement ou quelque rencontre m'y conduisait, je me sentais mal dans ma peau. Ce n'était pas mon affaire, ni ma responsabilité directe, mais puisque mon métier m'avait procuré le privilège de m'adresser publiquement à un grand nombre de lecteurs, j'étais au moins coupable d'indifférence en usant mal de ce privilège.

Or, les portraits que j'écrivais entretenaient, par leur nature même, une idée de l'homme et de la société qui n'était pas la mienne, puisqu'ils ne pouvaient concerner, à de rares exceptions près, que des vedettes, des gens « arrivés » à la force d'un talent ou d'un autre, le plus souvent dans des professions en marge de la vie, théâtre, cinéma, littérature. De là à faire penser qu'il suffit d'avoir « quelque chose dans le ventre » pour émerger de la tranchée où se morfondent les fantassins du labeur sans joie, où j'avais moi-même si longtemps rampé, il n'y avait qu'un pas.

J'avais d'autant moins de raisons d'entretenir cette illusion, que mon expérience personnelle la démentait.

Le métier que j'exerçais n'était pas celui pour lequel j'avais eu vocation. Je savais ce que signifie l'interdiction, faite à soixante-dix pour cent des adolescents, de poursuivre les études supérieures nécessaires pour s'accomplir, même modestement.

J'étais sortie de la tranchée par le cinéma, puis par le journalisme : métiers en marge, et qui exigent, pour ne pas y croupir, un petit don d'expression. Enfin, si je n'avais pas bénéficié d'années d'enfance où l'on m'avait appris l'anglais, l'usage des couverts à poisson, le vocabulaire et les rites de la société bourgeoise et, tout de même, ce que l'on enseigne pendant les études secondaires, où aurais-je végété sans véritable talent créateur ?

D'autre part, quelqu'un avait tracé de moi un portrait qui m'avait écœurée du genre. Toute la suffisance de l'intellectuel de gauche bien nourri qui se croit humaniste et qui insulte à l'ignorance des mal instruits, qui se croit révolutionnaire parce qu'il paye cher dans des restaurants sales au lieu de payer cher dans des restaurants propres, y éclatait.

N'y avait-il pas d'autre choix que d'entretenir l'imposture ou de s'aligner sur ces vertueux prolétaires-là ?

Du côté des femmes, la voie devenait aussi, chaque jour, plus étroite.

Elle était en pleine expansion, une expansion nécessaire à sa survie. Je pouvais continuer à y écrire librement ; je ne pouvais pas m'opposer à l'exploitation du goût naturel que portent les Françaises aux heurs et aux malheurs des familles royales. Encore que l'on puisse parler de cela aussi autrement. Mais quand on en parle autrement, on retient dix lecteurs, on en écarte mille.

On peut aussi penser qu'il faut savoir en attirer dix et en retenir mille avec de la confiture, et glisser ici et là la dose de vinaigre qu'ils absorberont avec. Ce n'est pas l'un des moindres problèmes qui se posent à ceux qui dirigent des journaux.

À quoi cela sert-il de bien penser et de bien écrire pour cinq mille personnes, convaincues d'avance au demeurant ? Oui mais à quoi cela sert-il de ne rien penser et de ne rien écrire pour deux millions de personnes ?

Je n'ai pas de solution à proposer. Ou plutôt, j'en avais une, intermédiaire : *L'Express.* À l'époque, je n'aurais pas su dire ce que je voulais exactement, mais je le voulais plus que tout.

C'est pourquoi je l'obtins, retrouvant à la fois lance et dragon.

Pourquoi suis-je passée, un soir de 1951[1], chez l'éditeur René Julliard alors que, attendue ailleurs, j'avais décliné son invitation ? La vérité m'oblige à répondre : parce que ma voiture était rangée dans une rue à sens unique. Engagée dans cette rue, je m'éloignais de mon domicile mais je passais tout près de la maison des Julliard.

Ils m'avaient avertie qu'un visiteur intéressant serait chez eux. Je m'arrêtai. Celui que j'espérais voir était déjà parti. Mais il y avait encore trois personnes, Maurice Schumann, Jean-Jacques Servan-Schreiber et sa jeune femme.

Provocants l'un et l'autre, ils ne formaient pas un couple indifférent.

Madeleine Servan-Schreiber[2], tout en angles aigus, élégance naturelle, ennui distingué, avait

1. Le 30 novembre 1951.
2. Madeleine Chapsal, de son nom de jeune fille qui restera son nom de plume, fut la première épouse de Jean-Jacques Servan-Schreiber ; ils s'étaient mariés le 27 septembre 1947.

ce qu'il y a de plus rare chez les jeunes femmes : du style.

Jean-Jacques Servan-Schreiber, s'il avait été plus grand de dix centimètres, aurait eu alors le physique d'un play-boy américain. Sourire charmant, désinvolture alliée à la bonne façon de regarder et d'écouter les femmes comme s'il leur attachait de l'importance. Seule sa démarche indiquait qu'il n'était pas aussi assuré de sa séduction qu'il le paraissait.

Je le connais trop pour savoir l'impression qu'il produit aujourd'hui. Il a beaucoup changé. En bien, en mal ? Le temps n'est plus où il faisait gravement des grimaces pour creuser ses rides et où il triomphait chaque fois qu'un fil d'argent apparaissait dans le tapis-brosse de ses tempes, parce qu'il craignait que sa jeunesse apparente interdise de le prendre au sérieux. Maintenant, c'est le contraire. Les jeunes, il a peur de ne plus en être. Il est à l'âge où l'on commence à s'énerver de trouver toujours plus jeune que soi. Et puis, un directeur de journal armé de secrétaires qui se chargent d'envoyer les roses rouges sans lésiner sur le nombre, d'un ou deux chauffeurs qui vont chercher Madame, qui raccompagnent Mademoiselle, et de célébrités en tout genre dans chaque poche, ce n'est plus un homme, c'est un mythe.

À l'époque, journaliste à *Paris-Presse,* Servan-Schreiber ne disposait de rien de tel. Et dans le dérisoire domaine de cette puissance-là, j'en avais plus que lui. Mais il était mieux que l'écorce plaisante d'un mythe : un homme de lumière, lui aussi[1].

Curieusement, nous ne nous étions jamais vus alors que nous passions depuis deux ans la journée dans le même immeuble. Il y avait eu dans la journée je ne sais quel débat important à l'O.N.U. Je donnais un point de vue. Servan-Schreiber me regarda comme s'il m'écoutait. Et peut-être m'écoutait-il... À sa génération, on ne considère pas que la laideur soit le corollaire inévitable de l'intérêt pour la chose politique.

L'heure avançait. Nous prîmes, ensemble, congé de nos hôtes.

Devant la porte, Jean-Jacques et Madeleine Servan-Schreiber me proposèrent de me raccompagner. Ma voiture était garée devant la leur, de même marque, mais moins puissante. Je partis seule en avant.

À la hauteur du boulevard Saint-Germain, où la circulation était encore assez forte, une traction me doubla à folle allure, escaladant un refuge pour se faufiler, circulant en slalom et brûlant le feu rouge de la Concorde. Je n'eus que le temps de reconnaître le conducteur. Le diagnostic fut immédiat : pas encore adulte, prenant des risques inutiles, et au mépris des autres,

1. Françoise qualifiera ensuite cette rencontre de coup de foudre : « Par là, j'entends ce choc immédiat d'où jaillit une lumière intense, un éclair, sous laquelle vous voyez l'autre tout entier d'un seul coup d'œil ; vous voyez tout ce que les autres ne voient pas, car l'amour, loin d'être aveugle, comme on le dit bêtement, l'amour est extralucide. »

supportant mal que l'on se montre plus puissant que lui. J'étais plus adulte, mais pas encore tout à fait sans doute, puisque ce comportement m'irrita. Je devais, ce soir-là, ma puissance supérieure aux chevaux-moteur de M. Citroën. Je l'employai, lorsque le chemin fut dégagé, à rejoindre la voiture des Servan-Schreiber qui filait sur les quais et à la doubler de telle sorte que l'envie passe à ce monsieur de rejouer à ce jeu-là avec moi.

Le lendemain, il me faisait prier, par René Julliard, d'assister le soir même au dîner qu'il donnait chez lui.

Smokings et grandes robes, ambassadeurs et généraux, colonels et prix Goncourt, hauts fonctionnaires et ministres... Exerçant un autre métier, cette assemblée réunie par un jeune homme sans lustre et sans fonction m'eût sans doute impressionnée, bien ou mal. Plutôt mal que bien, comme une dame qui porte ensemble tous ses brillants, y glissant de surcroît quelques strass. Mais, outre que les journalistes cessent très tôt d'être impressionnables, les relations, les « contacts » font partie de la profession. Ils faisaient partie de la sienne.

Je me dis seulement en arrivant que, comme dans tout grand dîner, ma soirée serait perdue ou gagnée selon les voisins de table que l'on me distribuerait.

Elle fut gagnée : j'étais assise à côté d'un homme dont le nom ne provoquait alors aucune secousse dans la colonne vertébrale de ceux qui l'entendaient. Il était d'ailleurs inconnu hors des milieux politiques. Il s'appelait Pierre Mendès France.

J'avais eu l'occasion de voir de près nombre de ses collègues. Il était d'un tout autre format.

Déconcertant, comme le sont tous les gens naturels, c'est-à-dire presque personne, sans comédie, ni dans la voix, très belle, ni dans les gestes, rares, ni dans le silence, toujours ouvert. Je crus voir à ses mains qu'il était musicien, à son regard qu'il était bon.

Mal armée pour juger du bien-fondé de ses opinions sur la réforme fiscale ou sur la guerre d'Indochine — à laquelle personne parmi les présents ne semblait d'ailleurs vouloir s'intéresser, même pas le général commandant les forces de l'O.T.A.N. —, j'écoutai le dialogue qu'il menait avec de successifs interlocuteurs, les mettant l'un après l'autre hors de combat.

Sa dialectique était impitoyable. Sans jamais élever la voix, sans interrompre, sans formule à l'emporte-pièce, sans le moindre grain de cet esprit parisien qui fait le charme des échanges légers et qui empoisonne les conversations graves, il avançait dans le sujet traité comme un bulldozer. L'argument de l'adversaire ? Il l'avait examiné. Insoutenable, et voici pourquoi. L'information qu'on lui apportait ? Il la connaissait, il l'avait vérifiée, elle était inexacte. Il donnait les vrais chiffres, les vrais noms. Et si l'on regardait le problème débattu sous un autre angle ? Il en avait fait le tour. Sinon il aurait dit, comme il le fait toujours lorsqu'il est interrogé sur un sujet qu'il n'a pas eu le temps d'explorer par toutes les allées : « Vous avez des idées là-dessus ? Moi, je n'en ai pas. »

Cent fois, mille fois, depuis, je l'ai vu ainsi sur la sellette, repoussant de la paume le verre d'alcool, la cigarette, mais acceptant l'interruption d'où qu'elle vienne, attentif à son interlocuteur quel qu'il soit, ne cherchant jamais à le violer pour l'entraîner, mais à le convaincre en lui montrant inlassablement le droit fil de la pensée.

Ce soir-là, une phrase de Stendhal — toujours le stock de M. Lacroix — me trottait dans la tête, que je n'arrivais pas à reconstituer. Je l'ai retrouvée par hasard en relisant *Lamiel* : « La moindre différence sociale engendre une masse d'affectation considérable. » Pierre Mendès France était hors différence, hors classe et hors classement.

À la fin de la soirée, Servan-Schreiber s'enquit :

— Comment le trouvez-vous ?

Je ne sus que dire. L'intelligence et l'humanité réunies à ce degré en un seul homme, cela ne se définissait pas d'un mot. Et je n'ai jamais disposé d'une bonne faculté d'expression par la parole.

Aux commentaires de Servan-Schreiber, je compris qu'il était amoureux. Amoureux de Mendès France.

J'écrivais alors chaque semaine un « portrait » dans *France-Dimanche*. « Faites le sien, me dit

Servan-Schreiber. Il parle dimanche à la Chambre. Ce sera un grand discours. Je vous emmènerai. »

Les responsables de *France-Dimanche* ne manifestèrent aucune opposition, ce qui suffirait à mesurer le temps écoulé. Je n'ai jamais eu, d'ailleurs, à subir une censure de leur part. Simplement, parfois, nous échangions des bons procédés. Je voulais parler des Français, ils voulaient un portrait de Jacques Goddet à propos du Tour de France. Je leur donnais Goddet à condition que la semaine suivante ils me donnent Gaxotte.

J'échangeai ainsi Line Renaud contre François Mitterrand, Tino Rossi contre Mendès France.

Quelques jours après ce dîner, Servan-Schreiber me demandait un rendez-vous et venait chez moi m'expliquer qu'il voulait créer un hebdomadaire et que nous allions le faire ensemble. Sa fougue était extrême et ses idées générales très proches des miennes. En outre, il tombait bien. Et il avait décidément un beau sourire. J'acceptai le principe. Cela ne m'engageait à rien. Je devais partir pour l'Amérique du Sud. Il partait pour l'Amérique du Nord. Nous verrions au retour.

Le projet qu'il avait élaboré, et auquel Raymond Aron était associé, échoua. Les commanditaires s'étaient, au dernier moment, récusés. *Bref* — c'était le titre prévu — mourut avant d'être né.

J'employais, à cette époque, mes vacances

annuelles à écrire, dans le Midi, les dialogues d'un film et j'étais revenue quarante-huit heures à Paris pour voir où nous en étions. Cette soirée d'août, dans une ville déserte, fut mélancolique.

À l'automne, m'ennuyant au logis, je demandai que l'on m'envoyât en reportage aux États-Unis. Pierre et Hélène Lazareff ont, entre autres dons, celui de ne jamais chercher à retenir ceux qui ont envie ou besoin de s'envoler.

Je reçus New York comme un choc dans l'estomac et me fis engager dans un grand magasin en qualité de vendeuse au rayon des robes, pour essayer, pendant le temps bref dont je disposais, de voir les Américaines « de l'intérieur ». Seule la directrice du magasin était dans la confidence.

On m'avait dit : « Vous avez envie de voyager, allez-y. Mais sans illusions : tout a été dit et écrit dans la presse sur ce pays. Vous ne pourrez pas redécouvrir l'Amérique. »

C'était vrai, et pourtant ça ne l'était pas. Tout avait été vu, tout avait été dit, oui, mais par des hommes.

L'univers des femmes, vu par une femme, n'avait pas encore été, dans la presse, exploré.

Je choisis sept Américaines aussi représentatives que possible de leur espèce, et je vécus quelques jours avec chacune d'elles. Un travail de ce genre n'aurait sans doute jamais pu être réalisé ailleurs, ou au prix de nombreuses difficultés et de plusieurs mois. Mais les pays anglo-saxons tiennent les journalistes pour des gens qui font un métier honorable et même nécessaire. On me facilita les choses, on me fournit toutes informations, on se mit en quatre.

Ceci se passait en octobre 1952, c'est-à-dire en pleine campagne électorale, Stevenson contre Eisenhower.

Envoyé par *Paris-Presse*, Servan-Schreiber débarqua un jour à New York où je me trouvais déjà depuis cinq semaines. J'allai le chercher à l'aéroport et, dans le taxi qui nous ramenait en ville, je lui dis : « Eisenhower va gagner. »

J'avais déjà publié trois articles et, en chemin, je lui avais confié d'autres impressions américaines. Il me dit, gentil, mais ironique : « Auriez-vous une vue superficielle des choses ? »

Je ne dis pas, mais je pensai : « En analyse politique, il est peut-être très fort, mais en matière humaine, il est nul. » Seule dans ma chambre d'hôtel, j'ai vu pendant des heures Stevenson et Eisenhower s'adresser successivement aux électeurs : « L'un c'est Jean Vilar ; et l'autre Maurice Chevalier. Puisqu'il s'agit de toucher plusieurs millions d'hommes et surtout de femmes, l'issue de la consultation n'est guère douteuse. »

En analyse politique, il était effectivement fort puisque quelques conversations approfondies avec des personnalités de New York le conduisirent à câbler le soir même à Paris : « À moins d'un miracle, Eisenhower sera élu. » Il fut l'un des rares journalistes français à faire ce pronostic qui lui brisait cependant le cœur.

Par des voies différentes, nous avions atteint les mêmes conclusions. Ce fut ainsi pendant huit ans.

Rentrant à Paris par le même avion, avec des valises bourrées de cadeaux, parce que c'était la veille de Noël, nous eûmes quelques démêlés avec les douaniers. Servan-Schreiber fut arrogant. Je fus excessivement polie. Décidément, nous n'aurions jamais les mêmes méthodes.

Bien que je prenne rarement des notes, j'en ai retrouvé quelques-unes écrites le 31 décembre 1952, après avoir réveillonné avec les Servan-Schreiber et les Edgar Faure, chez les parents de Jean-Jacques. Souvent, à la fin de l'année, j'établis, en quelques mots, un bilan sincère des mois écoulés avant de fixer quelques objectifs pour l'année qui vient. L'année suivante, la comparaison est parfois amère, mais toujours salubre.

Cette année-là, j'ai noté :

1952 : année de transition importante. Bon d'avoir vu les deux Amériques. Mais rien fait de constructif.

Pour 1953 : avoir le courage de quitter *Elle*. Pour vivre, faire des films, pas de journalisme alimentaire. Fonder l'hebdomadaire que je voudrais lire si j'étais acheteur. Possible J.J.S.S. persévérant, constant dans ses attitudes. Savoir cependant que tout ce que je veux et peux faire est entre mes mains. Tout ce que je raterai ce sera de mes mains. Ne pas trop me presser.

Réussir à déterminer si je veux surtout un journal ou surtout garder Jean-Jacques. Pas sûre de
l'aimer. Ennuyeux de penser qu'on ne peut
affirmer ces choses-là qu'après les avoir vécues.
Me fatigue, me blesse souvent involontairement. Ne pas oublier l'épisode allemand.

En relisant cette note, je n'ai pas eu à chercher longtemps ce qu'était l'épisode allemand.

Nous avions passé quarante-huit heures ensemble à Aix-la-Chapelle[1]. C'était la première fois
que je me rendais en Allemagne depuis la
guerre et l'uniforme du chef de gare avait suffi
à me retrousser les babines. Jean-Jacques avait
entrepris de m'arracher la promesse que j'enga-
gerai sérieusement, définitivement l'avenir avec
lui. Il était ardent et grave, me suppliant de
reconnaître aussi que ce que nous vivions était
grave. Je n'en doutais pas mais justement, je
le redoutais. Il y avait en Jean-Jacques quelque
chose d'implacable qui ne laissait aucune hésitation sur le sens qu'il garderait toujours de ses
intérêts. Nous devions reprendre le train pour
Paris où j'avais à être, sans défaillance possible, le
lendemain matin à neuf heures. La gare était fort
éloignée. Jean-Jacques, toujours assuré qu'aucun
train ne se permettrait de partir sans lui, avait
traîné. Au moment de monter enfin dans le taxi
qui nous attendait, j'étais exaspérée, avec une
grande envie de lui dire : « Jean-Jacques, l'amour

1. En mars 1952, pour un congrès sur l'Europe fédérale.

est une chose, le travail en est une autre. Pour moi, le travail est vital et l'avenir, c'est demain matin, où il *faut* que je sois à Paris. »

Je me tus mais il sentit que je me raidissais. Alors, il me prit la main : « Nous arriverons à l'heure, je vous le promets. Ayez confiance en moi. Regardez-moi. Je ne vous ferai jamais rater aucun train. Faites-moi confiance pour cela et pour tout. »

Je n'avais pas retiré ma main. Au contraire, je m'étais lentement décrispée, détendue. Le taxi arriva à temps. Dans le wagon-lit qui nous ramenait à Paris, je promis à Jean-Jacques d'avoir confiance, toujours. J'ai tenu parole. Je ne le regrette pas. Mieux vaut toujours être dupe qu'avare.

Mais en cette fin d'année 1952, j'avais peur de voir où cette confiance dans laquelle je m'étais laissé envelopper allait me mener. Et je notais encore : « Penser à revoir C. »

C. était un homme qui me plaisait et auquel j'avais promis de téléphoner après les fêtes. Ce que je fis.

Il vint me voir un dimanche après-midi. Nous parlions depuis une heure, lorsqu'on sonna à la porte. J'entendis un cri.

Jean-Jacques était là, très pâle, le sang coulant sur son visage. En allant rejoindre sa femme à une réception, il avait percuté un arbre avec sa voiture.

Blessé, mais de sang-froid, il était monté dans un taxi et avait dit au chauffeur : « Je vais perdre connaissance... Transportez-moi à cette adresse... »

Craignant d'affoler sa femme, ou sa mère, il s'était fait conduire chez moi.

Il entra dans mon bureau, s'allongea sur le divan et ferma les yeux. Le sang affluait par une blessure au front. Je n'avais plus qu'à m'en occuper, à lui laver le visage, à trouver un chirurgien.

C. observa quelques minutes le spectacle, puis il disparut. Je ne l'ai jamais revu.

Fin janvier, je commençai un film. Servan-Schreiber, lui, avait quitté *Paris-Presse* pour réintégrer *Le Monde*. Après avoir tenté d'échafauder diverses combinaisons, il avait obtenu de son père et de son oncle que ceux-ci appuient la création d'un hebdomadaire[1].

Cette fois, c'était sérieux.

Une première maquette fut établie, avec la collaboration d'un spécialiste de la mise en page auquel *L'Express* doit beaucoup, Roland Jauzan. J'avais une idée fixe : je voulais un journal qui fût entièrement composé en une seule race de caractères typographiques, la plus jolie, celle que l'on nomme du Bodoni ; Jauzan approuva et se mit au travail. Méfiant, M. Servan-Schreiber

---

1. C'est seulement en 1955, deux ans plus tard, lorsqu'il voulut transformer *L'Express* en quotidien que des capitaux extérieurs appartenant aux amis des uns et des autres furent appelés. Mais le contrôle de l'affaire demeura toujours entre les mains de Servan-Schreiber [note de Françoise Giroud].

père[1], qui me connaissait peu, m'avait un jour priée à déjeuner pour me demander :

— Dites-moi, madame, qu'est-ce que vous attendez de mon fils ?

Je répondis ce que je pensais :

— Rien.

— Et qu'est-ce que vous voulez faire avec lui ?

— Un journal de combat.

— Vous êtes bien d'accord tous les deux ?

— Oui, je crois.

— Vous gagnez largement votre vie, n'est-ce pas ?

— Oui.

— Et vous allez réduire sensiblement ces gains. Pourquoi ?

— Pourquoi pas ? Quand le succès viendra, et il viendra, vous m'augmenterez.

Je ne pouvais pas répondre à ce monsieur charmant, souriant, mais réaliste : « Je cherche le dragon. J'ai besoin de combattre le Mal dans ce monde. Gagner "largement" sa vie, cela peut être un moyen, pas un objectif. »

Il serait rentré en disant : « Intéressante mais dangereuse, ton amie Françoise Giroud. Tu n'as rien de plus sérieux à proposer ? »

D'ailleurs, les choses étaient loin d'être aussi claires dans ma tête. Comme toujours, lorsqu'il faut prendre un risque, je tournais autour du danger.

1. Émile Servan-Schreiber (1888-1967), journaliste, fondateur et directeur des *Échos* avec son frère Robert.

Le samedi 21 février 1953, cinq exemplaires imprimés d'un journal qui s'appelait les *Échos-Express* furent réalisés. J'en ai retrouvé un en triant des papiers. Une fiche blanche était épinglée dessus, portant ces mots manuscrits : « Pourquoi vais-je faire *Express* ? [L'apostrophe vint plus tard.] En mettant les choses au mieux, je n'en aurai pas d'ennuis. Pourquoi tous les hommes s'acharnent-ils à vouloir me tirer au-delà de moi-même ? Je ne suis pas un animal politique ; je sais seulement parler un peu des hommes et des femmes, de la vie et des souffrances ; je vais cafouiller, perdre mon crédit. Et en contrepartie, quoi ? L'insécurité sous toutes ses formes. »

Maintenant que j'ai transcrit ce texte ici, je peux déchirer le journal et la note. Je n'aime pas les reliques. Si je fais état de ce texte, c'est parce qu'il est caractéristique de ma démarche et surtout parce qu'il est véridique, alors que ces aventures-là, vues a posteriori, se racontent toujours de bonne foi, autrement.

L'enthousiasme ? Pas trace. La confiance ? Pas en moi, en tout cas. Alors en quoi ?

Servan-Schreiber était conséquent. Un peu plus jeune que moi, c'est-à-dire beaucoup moins avancé dans la vie puisqu'un homme ; il n'avait aucune charge ; il était encore peu connu et ne pouvait rien perdre que de l'argent — et l'argent, il s'en moquait, à la façon de ceux qui sont à la fois foncièrement désintéressés et qui n'en ont jamais manqué avant vingt ans. Il n'avait qu'un amour, une passion, une obsession : la politique, et il allait essayer de forger l'instrument d'une politique. Oui, cela était conséquent.

Moi, je ne l'étais pas, au moins en apparence. Je n'avais aucune ambition politique personnelle, et j'allais risquer de m'en donner l'air, avec tout ce que cet air comporte de rebutant chez une femme.

Je savais comment on conçoit, on fabrique et on mène un magazine féminin, et j'allais risquer de démontrer que j'étais incapable de concevoir, de fabriquer, de mener un journal politique.

J'étais plutôt belle mais je n'avais plus dix-huit ans. Si ma puissance de travail n'en souffrait pas, j'allais risquer, par des nuits trop courtes, des journées trop longues, des responsabilités trop lourdes, des semaines sans trêve, des années sans vacances, des efforts où il me faudrait tout donner de mes forces sans rien recevoir, d'accélérer l'inévitable consomption de ma jeunesse. Et je choisissais pour cela le moment où j'aurais pu enfin ralentir un peu, au contraire, le rythme quotidien de mon travail.

Oui, tout cela, en apparence, était inconséquent.

Mais un homme, mon mari, m'avait enseigné que l'art de gouverner sa vie se résume en quelques mots : « savoir ce que l'on veut. » Rien de plus malaisé. Il y a ce que l'on croit vouloir — en ce qui me concerne à l'époque, préserver ce que j'avais de beauté, vivre femme et rien que femme, goûter aux innocents plaisirs dont j'avais été, jusque-là, frustrée... Et il y a l'inaccessible : être à la fois jeune et sage, vieillissante et désirable, engagée dans l'action et vacante, libre de tous biens matériels et en mesure de dépenser sans trop réfléchir, respectée et non respectable, seule et non isolée, téméraire et protégée, maternelle et créatrice (chacun peut poursuivre la liste pour son compte) — et il faut parvenir à distinguer l'inaccessible du très difficilement accessible, pour y viser tout de même. Il y a les périodes où la volonté de vivre s'éteint, et où l'on ne veut rien, rien.

Contre ce que l'on croit vouloir, tout l'être inconscient lutte sournoisement. On devient alors champ de bataille et, quand les contradictions sont trop fortes, névrosé.

Je n'étais pas assez forte pour échapper à mes contradictions, ni même pour les discerner clairement. Le peu que j'avais compris et pour toujours retenu de la dure philosophie platonicienne que professait mon mari, c'est que le problème n'est pas d'obtenir ce que l'on veut, mais de ne pas prétendre y parvenir en voulant aussi fortement le contraire.

Il me semble que je fus donc conséquente en acceptant de risquer l'aventure de *L'Express*. Je voulais un journal, libre de toutes servitudes, et qui m'épargnerait pour toujours, croyais-je, d'aller voir dix collections de haute couture en trois jours et le Salon des arts ménagers autrement que pour mon usage personnel. Je voulais écrire comme il n'est pas possible d'écrire pour un million de personnes, parce que, hors toute question financière, on peut à la rigueur imposer l'achat d'un journal mais jamais sa lecture.

L'occasion était belle de tenter ce que chacun prétendait impossible : réussir en même temps une carrière d'homme et une vie de femme. C'était cela que je voulais, plus que la sécurité, plus que le repos.

Or, l'esprit d'entreprise me fait souvent défaut. De ce côté-là, ma composante virile est faible.

Je peux saisir une situation à peine amorcée, je ne sais pas la créer. Je n'ai jamais su, je ne saurai jamais. La semence doit venir d'ailleurs.

Il fallait saisir la situation qu'avait engendrée Servan-Schreiber. C'est ce que j'ai fait.

Par la suite de notre collaboration, ce fut toujours ainsi et le plus souvent fécond. Même si je le voulais aujourd'hui — et pour quoi faire ? — je ne saurais dire quelle fut sa part et quelle fut la mienne dans le développement du journal, dans les faux pas comme dans les démarches heureuses, dans les erreurs comme dans les succès. Je sais seulement que je ne pouvais pas fournir plus de travail, consacrer plus de temps, user plus de patience et de force. J'ai donné ce que j'avais. Le jour où cette patience et cette force ont été altérées, l'équilibre en nous fut rompu. Il fallait que Servan-Schreiber en trouvât un autre. L'imagination ne lui fera jamais défaut, ni la volonté de faire passer dans les faits ce qu'il invente lorsqu'il marche seul, vite, lourdement chaussé, tête baissée,

174

mâchoires serrées, sourcils froncés, mains glissées dans les fentes d'un blouson de cuir noir sur lequel il porte une paire d'ailes figées, insigne du corps aérien où il fit son service.

L'histoire de *L'Express*, je l'ai en mémoire d'heure en heure et elle mérite sans doute qu'on la raconte, mais pas à travers moi, encore et toujours moi...

Et mon histoire à travers *L'Express*, je vais en terminer rapidement.

Le lecteur se dira peut-être : Qu'est-ce qu'il se passe ? Ici, tout à coup, je sens un trou. Et là, il me manque une clef, une cheville. Et ailleurs, le récit se rompt, ou se précipite à un rythme faux.

Tout cela je le sais, mais je ne peux pas faire autrement.

Jusqu'ici je n'ai rien eu à censurer volontairement de ce que j'avais besoin d'écrire. J'ai avancé librement, au gré de l'impulsion quotidienne, sans trier parmi les souvenirs. La sélection, la hiérarchie, s'est faite comme à mon insu. J'ignore de quoi elle a procédé.

Maintenant, c'est délibérément qu'après avoir poursuivi ce récit de la même manière, je taillerai dedans. Plusieurs raisons m'imposent de le faire.

L'une est que je n'ai pas assez de distance à cette période de ma vie pour la voir comme les périodes qui précèdent : pétrifiées et telles qu'elles demeurent dans ma mémoire sous un éclairage faux peut-être, mais fixe. Tout dans le proche passé continuera de bouger pendant longtemps encore.

L'autre est que je pourrais faire mal, blesser, donc nuire à celui-ci ou à celui-là dont le destin a croisé le mien. Et cela, je ne le veux pas.

J'ai tenté d'affabuler. Mais la vérité, c'est le feu. Rien ne s'y mêle qu'elle ne dévore. On ne joue pas avec le feu.

Alors, j'ai pris le parti, là où quelque chose m'est venu à la plume — ou plutôt sous les doigts puisque j'écris à la machine — que je crois ne pas devoir dire, pas encore, pas comme ça et peut-être jamais, de couper et de ne pas chercher à remplacer par du factice.

En février, Servan-Schreiber s'en était allé aux États-Unis où un engagement antérieur l'obligeait à faire une tournée de conférences.

De mon côté, je terminais les dialogues du film que j'avais commencé. Un mercredi, le 15 avril, vers trois heures du matin, j'écrivis la dernière réplique. C'était fini.

Je me revois bien, arrachant la page de ma machine à écrire, me levant, étirant mes membres douloureux, lourds de fatigue, éprouvant cette joie unique du travail terminé, joie sans rapport aucun avec le petit plaisir à fleur de peau que l'on peut avoir à trouver dans l'un de ses articles imprimés, par exemple. Ça, c'est tout à fait au début. Quand on écrit beaucoup, on se lit généralement, et toujours en premier, dans le journal que l'on ouvre, quel que soit son contenu. Mais c'est plutôt pour s'énerver d'une coquille, pour s'irriter d'avoir laissé passer une inexactitude, une répétition, une inélégance ou une faute de forme, pour se rassurer.

La vraie joie, c'est le dernier mot tracé, tombé de vous, et qui vous laisse enfin délivré. À ce moment-là, même les taciturnes ont envie de parler, de communiquer.

À trois heures du matin, les gens normaux dorment. Chez moi, on dormait. Je regardais tous ces feuillets noircis. Que de travail...

Et voilà. Je ne ferai plus de films. Je ne ferai plus d'articles signés de mon nom puisque nous avions décidé, pour donner d'emblée une physionomie originale au journal — et aussi pour garder la faculté de réécrire nous-mêmes le matériel fourni par nos amateurs jusqu'à ce qu'ils prennent un peu d'expérience — d'éliminer toute signature de *L'Express*.

J'allais m'engloutir dans le noir, sauter dans l'inconnu, sans motif valable, sinon qu'il était difficile de résister à la force de conviction que dégageait Servan-Schreiber. Depuis décembre, je lui avais dit à plusieurs reprises que je ne voulais pas travailler avec lui, j'avais développé mes raisons, qui étaient excellentes.

Il m'écoutait, comme il écoute toujours, avec beaucoup d'attention et la volonté de bien se pénétrer de l'argument de son interlocuteur. C'est quelqu'un qui ne vous coupe jamais la parole, pressé de répondre. Au contraire. Il prend son temps, il réfléchit, et puis il détruit méthodiquement l'argument.

Bon. J'allais faire ce journal, j'allais essayer de mettre tout ce que j'avais de connaissances et de compétence professionnelle, non pas au service d'un parti politique, ou d'un homme politique, mais au service d'une morale politique, d'une conception de l'Homme.

Là, du moins, les choses étaient parfaitement claires. Je savais ce que je pensais et que je n'en démordrais pas, tout Servan-Schreiber qu'il était même s'il n'y eut, en sept ans de collaboration quotidienne, aucun conflit entre nous, sur aucun sujet.

J'ai versé du whisky dans un verre ; pour la première et pour la dernière fois de ma vie à ce jour, j'ai bu, seule, de l'alcool. Puis j'ai repris place derrière mon bureau et, dans le silence de la nuit, le cliquetis de ma machine s'est déclenché. Je voulais fixer tout de suite, noir sur blanc, ce que je pensais.

Ce sont ces deux feuillets écrits en style télégraphique qui ont en partie servi de base au manifeste intitulé *L'homme qui nous lira*, publié dans le premier numéro de *L'Express*, mis en vente le 13 mai 1953.

Ce manifeste ne portait évidemment pas de signature. Sinon, j'aurais pris un pseudonyme. Connue, sollicitée, photographiée, interviewée, félicitée ou éreintée, oui, je l'étais. Mais à des titres qui ne me donnaient pas de crédit dans le domaine où je voulais aborder, et qui risquaient presque de m'en retirer, car la politique, même vue sous l'angle le plus large et le moins stratégique, passe, en France, pour être une spécialité comme les mathématiques.

Qu'un journaliste de sexe masculin se permette d'avoir à la fois des idées sur la peinture abstraite et sur la guerre de Corée, d'Indochine, d'Algérie, ou encore sur la prochaine, même cela indispose. Alors une femme...

J'ai écrit ainsi, pendant près de quatre ans, des articles non signés, ou signés : *L'Express*.

Ce fut parfois l'occasion de quiproquos savoureux, en particulier au moment de Budapest et de Suez[1]. Servan-Schreiber servait en Algérie. Les éditoriaux du journal furent attribués, selon les cas, à tel ou tel homme politique. Si la matière n'en avait pas été aussi tragique, c'eût été amusant. Bien entendu, je ne disais rien, et les quelques collaborateurs du journal qui étaient au courant ne disaient rien non plus. Je crois qu'au fond d'eux-mêmes, ils étaient plutôt contents que l'on ignorât à l'extérieur ce détail. Je ne leur en veux pas. Ils étaient des hommes. Je leur sais gré, au contraire, d'avoir accepté pendant de si longs mois de m'aider sans restriction et de tous

---

1. La crise du canal de Suez, comme l'insurrection des Hongrois et leur répression par l'armée soviétique eurent lieu entre octobre et novembre 1956.

leurs talents à manipuler ce petit tonneau de dynamite que l'on m'avait laissé entre les mains. Jamais aucun d'eux ne dressa de chausse-trappe à mon intention. Pourtant, c'était tentant et, en général, c'est le jeu. Ils l'ont joué entre eux, pas avec moi. Peut-être parce qu'ils n'en avaient pas envie, peut-être parce qu'ils avaient compris que personne ne pouvait alors s'insérer entre Servan-Schreiber et moi. Ce fut d'ailleurs l'une des forces de notre attelage. Il n'y avait pas déperdition d'énergie. Alors que, dans la plupart des entreprises, le haut personnel use une bonne part de son temps et de son imagination à conserver sa place ou à prendre celle de l'autre, à circonvenir le patron ou à éliminer auprès de lui l'influence d'un rival, nous n'avions, Jean-Jacques et moi, à nous défendre contre personne et nous formions ensemble un monolithe.

Lorsqu'il était absent, je savais très précisément sur qui je pouvais compter et pour quoi. Je crois avoir toujours assez bien apprécié ce que l'on peut attendre et obtenir des autres, sur le plan professionnel. Sur le plan humain, j'ai mis, en revanche, assez longtemps à comprendre qu'il faut se garder d'étiqueter les hommes pour toujours. Une situation crée une relation. Une situation nouvelle crée une relation nouvelle. L'amitié, c'est ce qui résiste à une modification de la situation où l'on est devenus amis. L'amitié est la plus rare des relations humaines. Il n'y a malheureusement pas de terme, en français, pour désigner ceux dont on retient un temps l'affection, la sympathie, l'intérêt et à qui on les donne en retour. On les nomme bien légèrement des amis. Je les nomme des « à bientôt ». N'est-ce pas là ce qu'on se dit lorsque, au sein d'une situation modifiée, on se rencontre sans désirer vraiment se revoir ?

Là où parfois j'eus vraiment l'occasion de m'amuser en faisant le journal, c'est avec les articles non signés ayant trait à l'économie.

Ignare en ce domaine au début de *L'Express,* je m'étais découvert quelque chose comme un vice. J'avais eu, il est vrai, pour initiateur, l'un des plus brillants économistes français qui était aussi, qui est toujours, l'un de mes plus chers amis. De surcroît, il est beau, ce qui est bien agréable lorsqu'on est assis en face de lui.

Nous déjeunions, nous dînions ensemble plusieurs fois par semaine. Il parlait ; j'écoutais. Quand je ne comprenais pas — c'était fréquent, car l'économie comme la philosophie se livre enveloppée dans un jargon — je demandais des explications. Il me les donnait, jamais impatienté. J'avais l'impression de marcher lentement, très lentement derrière lui à travers une forêt. Je dois à Simon Nora mes plus grandes joies d'ordre intellectuel.

Au bout de quelques mois de ce régime, j'ai commencé à pouvoir traduire en termes clairs ce qu'il m'apprenait.

Il y a deux stades dans la compréhension. Au premier, on se dit : « Bon, j'ai compris », mais on demeure incapable de formuler à son tour ce que l'on vient de lire ou d'entendre. C'est seulement au second stade que l'on y parvient, d'une façon non mécanique. Alors seulement, on a vraiment compris.

Comme cela tournait à la passion, je me mis à écrire ou à réécrire moi-même les articles économiques de *L'Express* ; puis je les soumettais à un spécialiste du sujet traité, qui corrigeait mes erreurs d'interprétation ou mes excessives simplifications.

L'un de ces articles — toujours non signé — tomba sous les yeux du gouverneur de la Banque de France qui n'en fut pas satisfait. Il se livra à une petite enquête personnelle pour connaître le nom de l'auteur. Quand on lui dit : « C'est Françoise Giroud », il répondit : « Soit, gardez le secret, mais ne vous moquez pas de moi. »

Me tenait-il pour stupide ? Nous nous étions rencontrés, à diverses reprises, mais toujours dans des dîners apprêtés. Dans ces réunions, les femmes doivent essayer d'être aussi belles qu'il leur est possible et d'écouter le plus attentivement possible pour que les hommes soient les plus intelligents possible. Leur rôle n'est pas de chercher à briller par la parade, mais de faire briller. M. le gouverneur de la Banque de France m'avait dit une fois que j'avais une jolie robe. Il n'aurait pas été un homme de plus de quarante ans s'il avait jugé cette robe décolletée compatible avec la rédaction d'un article économique.

Deux ans plus tard, assise à côté de lui dans

un autre dîner, je me suis tout de même offert le luxe de lui faire un topo sur l'indexation des prix agricoles. De l'autre côté de la table, Pierre Mendès France écoutait et s'amusait. Homme d'esprit, mon interlocuteur prit le parti de s'amuser aussi.

Vint le temps où, en 1957, *L'Express* développa au contraire largement la politique des signatures. J'écrivis, officiellement cette fois, un article chaque semaine, la « Lettre de *L'Express* », et bientôt ma situation se trouva curieusement inversée. Ce furent les articles de mode, ou de cinéma, que je n'osais plus signer.

Pourtant, une fois que l'on a compris ce qu'est la politique — pas les élections, pas la députation, pas la cuisine, pas l'ambition personnelle —, on s'aperçoit que tout s'y intègre, même l'art, et que la mode ou les habitudes alimentaires sont aussi significatives d'une société que les discours ministériels ou présidentiels. Autant — pour ce que j'ai pu en voir — l'exercice quotidien de la politique pratique et le désir d'y faire carrière, petite ou grande, rétrécissent l'esprit, le bornent et occultent la sensibilité au point que la plupart des hommes qui s'y laissent prendre ne lisent plus, ne voient plus une exposition, n'assistent plus à un spectacle que pour y chercher une brève détente (c'est-à-dire en allant vers le pire et, en tout cas, le convenu), autant la politique prise comme approche du monde vous permet de le mieux appréhender dans son ensemble.

J'ai écrit, en commençant ce récit, que je pouvais être une femme heureuse. À cette époque de ma vie, je le fus. Chaque jour, une nouvelle porte s'ouvrait devant moi que je franchissais, et je voulais, dans la mesure des moyens que je maîtrisais, aider les autres à la franchir aussi. Chaque jour, je m'éveillais avec la perspective d'un combat à livrer pour essayer de comprendre et de faire comprendre. Et celui que je retrouvais le soir, le dimanche, m'aimait assez pour me lisser les ailes au lieu de les rogner ; il se sentait assez fort pour me hisser le plus haut possible sans craindre que je le dépasse jamais. Il régnait sur la moitié de l'androgyne, l'autre moitié pouvait se déployer sans le gêner, au contraire. J'étais à l'intersection de l'équilibre heureux entre deux accomplissements, l'accomplissement féminin et l'accomplissement viril réunis en une seule personne. Cela peut exister puisque je l'ai vécu, et pendant plusieurs années. Donc, d'autres que moi le trouveront, si elles le cherchent.

Enfin, je pouvais dire à ma mère : « J'ai fait ce que tu voulais, je fais ce que tu veux, voilà la queue du dragon, voilà son oreille. Elles repousseront… J'y retournerai. »

La joie de s'éveiller le matin pour aller au combat, je l'ai retrouvée après l'avoir longtemps perdue. C'est elle qui m'est donnée en ce moment. Lorsque j'ouvre les yeux, j'aperçois dans la pénombre ma machine à écrire, les feuillets épars du travail de la veille que je vais relire pour les corriger et continuer…

C'est un combat modeste où je suis mon propre adversaire. En temps habituel, je ne pense jamais au passé, jamais, ni au plus récent, ni au plus ancien. Ma mémoire l'enregistre, le classe et ferme les tiroirs à clef. Retrouver les clefs, ouvrir les tiroirs, fouiller dans les dossiers, ne pas escamoter les pièces désagréables, les affrontements douloureux ou humiliants, c'est là ma bataille quotidienne. Mais un jour elle finira et il faudra trouver autre chose.

Referai-je un jour un journal ? Je ne sais pas.

Quand j'ai attaqué *L'Express*, j'étais, à moi seule, une armée qui s'éployait, musique en tête, drapeau claquant au vent de la foi. J'ai gagné la bataille que j'avais engagée, mais j'en suis sortie troupes décimées, drapeau troué. Et je crains parfois d'avoir perdu dans ce combat, non mes illusions — je n'en ai jamais eu —, non la faculté de créer, si toutefois je la possède vraiment, mais peut-être celle de vouloir fortement autre chose qu'une certaine harmonie intérieure.

Si pour y atteindre, c'est un journal qu'il me faut, alors sans doute, je l'aurai. Mais je dois d'abord finir d'enterrer celle que je fus et qui, en toute hypothèse, ne sera plus. Ensuite seulement, quelqu'un d'autre naîtra, que je ne connais pas encore.

Je n'ai jamais cru, quant à moi, que l'on changerait la face du monde avec la complicité du parti radical-socialiste. Non, honnêtement, jamais.

Ce n'était pas une raison pour y renoncer. Et la conviction de Servan-Schreiber aurait soulevé des montagnes. Elle les a soulevées. Il n'y avait en lui aucune trace d'ambition vulgaire. C'est le jeu politique que de caricaturer l'adversaire jusqu'à lui faire croire ce que l'on dit de lui. On l'a parfois représenté comme un bouillant arriviste, sautant du sillage de Bidault à celui de Mendès France, puis du pro-américanisme européen au pro-soviétisme antieuropéen, pour atteindre au plus vite l'échelle par où cueillir les fruits du pouvoir. Ce n'était pas seulement injuste : c'était faux.

Ses ambitions étaient trop exigeantes pour se nourrir de satisfactions d'amour-propre, de cocarde au pare-brise et de Légion d'honneur au revers. Son goût de l'absolu le dressait contre toute combinaison qui eût exigé ce que les uns appellent de la souplesse, et les autres de la ruse.

S'il est vrai qu'il voulait alors âprement le pouvoir non ses ersatz, ce n'était point pour s'en goberger ou en tirer quelque bénéfice personnel, mais pour l'exercer, pour passer au plus tôt à la réalisation d'une nation idéale, d'une société idéale, de son idéal qui n'a jamais varié.

Faire de la politique, au sens noble du terme, c'est gouverner. Tout le reste est stratégie pour y parvenir. Ou grenouillage. Ou bavardage.

Ni grenouilleur, ni bavard, Servan-Schreiber voyait dans la politique la plus haute expression de l'activité humaine. Il était juvénile, impatient, refusant d'admettre qu'avant de commander il faut non seulement se faire reconnaître pour chef, mais se faire pardonner d'en avoir l'étoffe. Tout cela prend du temps et il ressemblait au héros de Paul Morand, l'homme pressé.

Il semblait n'avoir jamais observé une plante, sa naissance, sa croissance, sa maturité et sa mort. Il ignorait le travail du temps, et comment l'Homme et son action s'y inscrivent.

Il était une merveilleuse mécanique de précision, vibrante et délicate, trouvant toujours un point d'application à l'énergie qu'elle développait, mais tournant trop vite pour tourner tout le temps sans, parfois, rompre.

Son incessante tension avait de quoi indisposer lorsqu'on l'isolait du personnage dans son ensemble. Il fallait l'accepter ou le refuser tout entier.

Je l'acceptai tout en comprenant qu'on puisse le refuser. Quoi, était-il interdit de respirer, de rire, de déguster une cigarette, un film, un spectacle, sans se sentir aussitôt responsable d'entraver la marche de la France et accessoirement celle de Servan-Schreiber vers sa destinée ?

Un déjeuner qui se prolongeait au-delà de vingt minutes donnait, avec lui, une conscience de sybarite aux sens épais. Une conversation qui ne roulait pas sur l'Indochine — plus tard ce fut sur l'Algérie —, une conscience de commère de village. Hypersensible, il demeurait cependant hermétiquement fermé à l'art. Il

189

tolérait que l'on fît du sport parce que dans l'effort physique, porté jusqu'à crever parfois le plafond de ses forces, l'homme ne trouve qu'un plaisir : celui de se vaincre. En fait, il haïssait les plaisirs avec la violence d'un homme qui les aime et qui craint de ne pas se maîtriser. Croyant, il eût fait un redoutable mystique, multipliant les mortifications.

Ce qui alimentait la mécanique, je crois qu'il le sait maintenant. C'est à lui qu'il appartient de le dire un jour, s'il s'avise de faire à son tour une exposition rétrospective. D'ailleurs, on ne sait jamais rien des pulsions secrètes d'un autre, surtout quand on sait un peu.

Cependant, avec tendresse, mais sans écailles aux yeux, je peux dire aujourd'hui : Jean-Jacques Servan-Schreiber était pur, et il avait la force des purs. Il était aussi, pour finir, beaucoup plus sage, méfiant et bon navigateur qu'il n'y paraissait sous sa jeune insolence. La jeunesse est passée. La sagesse est restée. La méfiance a redoublé.

À peine le premier numéro de *L'Express* terminé et mis en vente, je fus chargée de partir pour Londres. Pierre Lazareff m'avait demandé d'assurer, pour *France-Soir*, le reportage sur le couronnement de la reine Elizabeth[1]. Je ne lui devais que reconnaissance pour la façon dont il m'avait accueillie autrefois dans sa maison et pour l'intelligence de son amitié.

Servan-Schreiber s'opposa à mon départ. Je partis quand même. Quand je revins, après avoir passé quarante-huit heures sous une pluie telle que la veste de mon tailleur était encore trempée, ce fut pour aller directement de l'aéroport au Parlement où Pierre Mendès France demandait, pour la première fois, l'investiture. Elle lui fut refusée.

Moins d'un an après, notre premier conflit ouvert avec la IVᵉ République éclatait. M. René Pleven[2] faisait saisir le numéro 54 de *L'Express*,

1. le 2 juin 1953.
2. Ministre de la Défense nationale et des Forces armées du 8 janvier 1953 au 19 juin 1954.

contenant le rapport secret sur la situation en Indochine.

À six heures du matin, le directeur de la police judiciaire nous prévint que les scellés étaient apposés sur les portes de nos bureaux et qu'il avait reçu mandat de perquisitionner. Ce fut très courtois mais assez angoissant. Je savais qu'un dossier mauve contenait un échange de lettres dont la découverte eût trahi celui qui nous avait communiqué le rapport pour publication. Il fallait évaluer le danger et prendre le risque, vite.

Je suis entrée dans le bureau où se trouvait le dossier. Deux inspecteurs vidaient les tiroirs, épluchaient les étagères, dépiautaient les carnets d'adresses. J'ai dit à l'un de ces inspecteurs, en ouvrant bien largement le dossier mauve sous ses yeux : « Puis-je prendre ces quelques papiers ? J'en ai besoin pour travailler... »

Il m'a jeté un coup d'œil vague, il a vu quelque chose comme une secrétaire sans malice, il a dit : « Si vous voulez... », et il a poursuivi sa perquisition. Dupe ? Ou complaisant ? Je ne sais pas.

Je suis sortie paisiblement du bureau, j'ai fait paisiblement une boulette des deux lettres compromettantes, je l'ai paisiblement glissée dans mon sac. Le nom que nous nous devions de tenir secret n'a jamais été révélé.

C'est dommage, et cette histoire m'aurait édifiée si je ne l'avais déjà été sur la vanité de toute action accomplie autrement que pour rester en accord avec soi-même. Car ce nom, s'il avait été découvert à l'époque, bien des choses en auraient été modifiées dans la suite de l'histoire politique de la France. Et même, possiblement, dans l'histoire qui se fait aujourd'hui.

En tout cas, ce ne sont pas les mêmes hommes qui se seraient trouvés aux mêmes places.

Un autre papier, saisi par la police, jeta le soupçon sur un malheureux qui n'était pour rien dans l'affaire.

Servan-Schreiber demanda audience au président du Conseil, Joseph Laniel, pour lui assurer solennellement et sur l'honneur qu'il y avait maldonne. Il sortit de cette entrevue à la fois hilare et consterné. Il avait trouvé le chef du gouvernement français hochant tristement la tête devant une carte d'état-major parsemée de petits drapeaux, et disant : « Ça sent mauvais, n'est-ce pas monsieur Servan-Schreiber ? Moi qui ai fait la guerre de 1914, je le leur dis aux généraux : ça sent mauvais... »

René Pleven nous avait rendu un immense service. Une saisie, c'était alors un événement sans précédent en pays démocratique. La presse, française et étrangère, la radio en firent grand bruit. La vente de L'Express doubla en un mois.

Quelques semaines plus tôt, je m'étais aperçue en regardant Le Figaro que l'article hebdomadaire de François Mauriac devenait de moins en moins hebdomadaire. Que se passait-il ? Résultat de sa position avancée sur le Maroc ? Désaccord avec la direction du journal ? Avec ses lecteurs ?

Je suggérai à Servan-Schreiber d'aller voir

François Mauriac et de lui proposer la tribune du jeune *Express*. Mauriac flaira, huma, tourna du bout de la patte ce qu'on lui présentait. Puis il nous donna, le 14 novembre 1953, un article « Les prétendants », consacré à l'élection présidentielle qui se préparait. Au mieux de sa forme, il avait cliché, en une phrase : « Il y a du lingot dans cet homme là… »

Mais c'est seulement en avril 1954 qu'il nous confia son premier *Bloc-notes*, après l'avoir retiré à La Table ronde.

Entre-temps, j'avais commis une maladresse qui faillit nous coûter sa collaboration. *Le Figaro* publiait les questions relatives à son annuel « Concours d'erreurs ». Un lecteur nous écrivit en nous demandant de l'aider à faire ce concours. J'eus l'idée — mauvaise — de reproduire sa lettre suivie de quelques-unes des réponses que nous lui suggérions.

Le résultat fut un fameux scandale. L'impertinence du procédé ne fut pas, on le comprend, appréciée par la direction du *Figaro* et par son comité de rédaction, dont François Mauriac faisait alors partie. Et puis les remous s'apaisèrent. Et François Mauriac devint collaborateur régulier de *L'Express*.

Autant Servan-Schreiber lui avait plu d'emblée, autant le contact entre nous fut difficile. Il fallut plusieurs mois pour que nous réussissions à trouver une longueur d'onde commune.

Impitoyable avec tous, il l'était plus encore avec les femmes qu'il haïssait avec vigilance.

L'œil était noir, perçant. Il voyait tout et d'abord ce qui n'allait pas.

L'oreille était fine, et comme prolongée d'une antenne. Elle entendait tout, y compris ce que l'on ne disait pas.

La dent était dure. À l'entendre broyer les autres — ceux qu'il aimait, veux-je dire —, je préférais ne pas imaginer de quelle formule il m'habillerait pour l'éternité si par malheur mon nom lui venait aux lèvres. Le terrible est qu'elle allait être si juste, cette formule, qu'en trois mots il cristalliserait une certaine image. La pire.

François Mauriac écrivait de miel auprès de ce qu'il modulait de sa voix blessée. Puis, à peine la flèche avait-elle jailli, il portait la main à sa bouche d'un geste vif, comme les enfants qui ont dit une bêtise, et riait, feignant le remords.

Ah ! Que j'ai donc ri de bon cœur avec lui ! Rien de plus savoureux qu'une soirée passée en sa compagnie dans l'un de ces bons petits restaurants où il picorait une huître, goûtait un vin blanc, taquinait une meringue, avec ces gestes méfiants et souples des chats de grande race.

Peu avare de sa présence, il se rendait volontiers là où on le priait. D'une exactitude redoutable, il arrivait, grand, sec, poncé, leste comme un adolescent, et accueillant avec une sereine courtoisie les effusions et les hommages.

D'où venait alors que, devant lui, je voyais les plus assurés soudain décontenancés ? Les jeunes insolents, bouillant de prouver que les vieilles gloires ne leur en imposaient pas, étaient les premiers à fondre. Et maître par-ci, et maître par-là... Vous repasserez, jeune homme !

Les loquaces faisaient des nœuds au fil de leur discours ; les silencieux se jetaient à l'eau ; les femmes se ressentaient fléau de ce monde et redoublaient d'affectation. Seuls les enfants trouvaient d'entrée avec lui le ton de la conversation confiante. Peut-être parce que seuls les enfants peuvent tolérer, sans une secrète honte, ce naturel abouti, achevé, cet art d'être soi-même. Rien de plus. Mais rien de moins. La paix était avec lui.

On ne le voyait jamais se départir de cette écrasante simplicité. Les traits fusaient, cruels, murmurés, mais jamais répétés, jamais réédités. François Mauriac ne faisait pas de « numéro ».

Soudain, il s'absentait... Toujours présent physiquement, il était ailleurs. Il n'écoutait plus. Ou plutôt qu'écoutait-il lorsqu'on le surprenait, l'œil mi-clos, posé plutôt qu'assis, le visage dans l'ombre de ses mains croisées, ses longues jambes toujours prêtes à se déplier pour accélérer sa retraite si quelqu'un, si quelque chose d'un coup lui pesait ?

Un soupir. Il était là. « Tout cela est bien triste », disait-il, dans un souffle.

C'était le signe qu'il avait épuisé le plaisir qu'il pouvait attendre de la soirée, qu'il en avait capté toutes les ondes.

Avec ce grand homme ombrageux et féroce, j'eus bien de la peine à dépasser le stade de déférence formelle à sa courtoisie formelle. À tout autre que lui, je crois que j'aurais répondu griffe pour griffe. Mais l'admiration l'emportait. Le sentiment de ma responsabilité aussi envers *L'Express*.

Et puis un jour, nous fîmes ensemble un long voyage en voiture.

C'était en août. Il se trouvait à Megève où j'avais été rejoindre, pour quelques jours, ma petite fille. Les Servan-Schreiber possèdent là-bas un grand chalet dans lequel ils étaient comme à l'accoutumée tous réunis, veillant sur l'humeur de Jean-Jacques. Avait-il bien dormi ? Comment était son appétit ? Approuvait-il le discours d'Eisenhower ? Ne s'était-il pas énervé en lisant celui de Malenkov ? Tant de sollicitude semblait l'assombrir plus encore, mais puisqu'il la recherchait, puisqu'il la supportait, lui qui ne supportait aucune contrainte, c'est sans doute qu'il en avait besoin.

Il pleuvait. J'eus soudain envie d'être ailleurs, je le dis à Jean-Jacques ; je prévins François Mauriac qu'obligée d'abréger mon séjour, je ne pourrais pas le ramener à Paris comme nous en étions convenus. Quelqu'un d'autre se proposait d'ailleurs, à ma place.

Il était huit heures du soir. Nous allions passer à table. Il me regarda et me dit : « Je préfère partir demain matin avec vous. À moins que cela ne vous ennuie, ma chère amie ? »

« Chère amie » traduit généralement chez lui l'ironie. Il s'amusait, sachant que je ne pouvais pas répondre : « Oui, cela m'ennuie. J'ai envie d'être seule et de vous oublier, vous, Jean-Jacques, Megève, *L'Express*, pendant quarante-huit heures. »

Je fus polie. Rendez-vous fut pris dans le hall de l'hôtel pour six heures du matin. Ponctuel, comme toujours, il s'assit dans ma voiture, installa sur ses genoux un bébé teckel que l'on m'avait offert et me dit, l'œil diabolique : « Je suis comme les chats. Je sais choisir mon panier. »

Le conducteur qui avait offert de le reconduire disposait, en effet, d'une voiture sensiblement moins confortable et d'une élocution en robinet d'eau tiède.

Que se passa-t-il pendant les neuf heures que dura le trajet, sous une pluie battante ? L'épreuve est toujours révélatrice. Celle-ci fut décisive. Tranquille, détendu, François Mauriac parla comme je ne l'avais encore jamais entendu parler, sans saillie cruelle, sans boutade. Il me dit un peu sa jeunesse, son mariage, ses débuts et comment il avait peiné parfois pour écrire en hâte une nouvelle parce qu'il fallait payer le séjour d'un enfant à La Bourboule. Il me parla des femmes : « Je n'aime pas les blondes. Parfois, elles sont jolies mais seules les brunes sont des personnes. » Il me dit encore bien des choses que je ne répéterai pas. Non qu'il m'en ait priée, mais elles lui appartiennent... En arrivant à Paris, j'avais pour lui de la tendresse chinée de respect.

Par la suite, il lui arriva encore de griffer, et durement puisqu'il était en position de force.

Et je ne fus pas aimable. Mais je ne vois pas ce qui pourrait anéantir ou même décolorer le souvenir de ce long et doux moment, le seul où, en sa compagnie, je n'ai pas eu l'occasion de rire.

Est-il exagéré de prétendre que nous ne manquions pas d'idées, du temps que nous cherchions à imposer *L'Express* ? Nous en étions plus riches, me semble-t-il, que d'acheteurs.

La foi est toujours fertile, créatrice ou destructrice. Nous n'étions que foi et, semaine après semaine, nous récoltions le fruit succulent de cette foi : des lecteurs qui s'attachaient au journal comme à une personne, dont la sincérité peut offusquer, mais qui ne racole pas.

Il y eut aussi la terrible expérience de *L'Express* quotidien[1]. Nous avions commis une erreur grave en démarrant avec un capital trop mince. Mais le capital ne se jette pas à votre tête quand il sait qu'on le sollicite pour ne pas lui obéir.

Tout était contre nous, dans cette affaire, sauf nos lecteurs. Nous n'avions, ni Servan-Schreiber ni moi, l'expérience de la direction d'un quotidien. Limités dans nos possibilités financières, nous ne pouvions pas assumer les frais des seize pages qui auraient été nécessaires pour que le lecteur trouve ce qu'il paraît naturel à chacun de trouver dans son journal : la rubrique de la Bourse, celle des courses, la météo, les programmes complets des cinémas, des théâtres, de la radio et de la télévision, les résultats des compé-

1. D'octobre 1955 à mars 1956.

titions sportives et la relation des grands procès. À *L'Express* quotidien, il manquait toujours quelques pages, donc quelque chose de banal, peut-être, mais d'indispensable pour que le lecteur ne fût pas obligé d'acheter en plus un autre quotidien. *Le Monde,* de format un peu plus grand et sans photos, est imprimé sur seize pages et éclate dans ce carcan que lui imposent encore, pour quelque temps, ses rotatives. Nos douze pages étaient squelettiques.

Les événements nous furent hostiles. La dissolution du Parlement, demandée par Edgar Faure, avançait de cinq mois les élections législatives. Au lieu de pouvoir roder notre journal, comme nous l'avions prévu, sans lui donner un contenu politique trop agressif, ce fut tout de suite la bagarre. Affreuse bagarre où je pris, en une semaine, mes premiers cheveux blancs, et où Servan-Schreiber altéra gravement sa santé.

Présents de onze heures à deux heures du matin, sans un instant de répit, nourris de sandwiches et d'excitants, nous fournissions, en soi, un effort physique excessif. Nous voyant fondre de jour en jour, la mère de Servan-Schreiber nous fit bientôt porter régulièrement le soir un repas froid que nous absorbions en hâte, épuisés, assommés. Et malheureux.

L'épreuve fut plus rude encore pour Servan-Schreiber que pour moi car ses meilleures heures de travail se situent entre cinq et neuf heures du matin. Le soir, dès onze heures, il bâille et se désagrège. Moi, j'étais une travailleuse de la nuit. C'est le matin que rien n'allait plus. L'horaire du quotidien m'aurait donc convenu mieux qu'à lui, si un tel horaire, poursuivi au-delà de quinze jours, pouvait convenir à qui que ce soit...

En vérité, nous l'aurions sans doute supporté tout autrement si le succès avait été au rendez-vous. Or, le premier numéro de *L'Express* quotidien avait été mauvais. Le premier numéro d'un journal est toujours mauvais, aussi étudiés qu'aient pu être les numéros zéro qui l'ont précédé.

Mais celui-là, deux mille personnes massées dans le hall de l'immeuble où se situaient les bureaux attendaient depuis onze heures du soir qu'il fût distribué. Il était mauvais, nous le savions, et les condoléances furent longues. Servan-Schreiber disparut. Tard dans la nuit, il est venu me retrouver dans le bureau — vaste, celui-là — que nous partagions. Nous nous sommes accoudés à la fenêtre. En bas, sur le trottoir de l'avenue des Champs-Élysées, des amis discutaient encore, tournant et retournant notre maigre journal, déçus. À la pendule lumineuse accrochée au balcon d'en face, j'ai regardé l'heure : deux heures moins dix.

Nous sommes restés longtemps, silencieux devant cette fenêtre. C'était raté. Nous le savions. Le courage, c'était maintenant qu'il fallait l'avoir. Pour entreprendre, nous n'avions eu besoin que d'illusions.

Les numéros suivants furent meilleurs. Il y

en eut même de très bons. François Mauriac et Albert Camus, qui se saluaient froidement dans les couloirs, brillaient alternativement de tous leurs feux. La rédaction s'organisait un peu.

Veille d'élections : Servan-Schreiber eut quelques inspirations, spectaculaires, comme il sait toujours en avoir. Car la politique pratique, c'est d'abord le sens du théâtre. Il inventa le « Front républicain » — Guy Mollet et Jacques Chaban-Delmas écrivirent dans *L'Express* —, il imagina les bonnets phrygiens, sigle par lequel *L'Express* désignait à ses lecteurs le meilleur candidat dans chaque département — ce qui nous valut des brouilles retentissantes et tenaces avec les candidats délaissés. L'un d'eux fit racheter, dans sa circonscription, tous les numéros de *L'Express* où son concurrent était recommandé. Il fut tout de même battu. Nous n'avons pas eu que des déboires avec ce quotidien.

Le jour où, pendant la campagne électorale, ce fut le tour de parole de Pierre Poujade à la radio d'État, Servan-Schreiber fit apporter un petit poste dans le bureau pour que je l'écoute. J'étais absorbée dans la fabrication du journal. Il insista. Je levai le nez. L'un des administrateurs de *L'Express,* notre ami Lucien Rachet, était avec lui. Poujade discourut. Les deux hommes le trouvèrent grotesque. Je dis : « Il va ramasser cinquante sièges ce gars-là... »

J'aurais aussi bien dit quarante ou soixante. Je dis cinquante. Souvenir d'Amérique ? Servan-Schreiber protesta, mais ne me reprocha pas

« une vue superficielle des choses ». Je crois même que s'il pouvait croire que l'un de ses vœux ne se réalise pas, il aurait été inquiet.

Poujade eut cinquante-deux élus[1].

La formule du journal était à peu près au point, nettement améliorée en tout cas et laissant prévoir ce qu'elle aurait pu devenir, lorsqu'il devint clair que nous ne parviendrions pas à poursuivre sans faire appel à de nouveaux fonds. Et, si les premiers capitaux réunis n'avaient rien retiré à *L'Express* de sa liberté d'action, il n'en aurait pas été de même avec les suivants.

Un soir de février 1956, devant l'un de ces encas maternellement préparés, Servan-Schreiber me dit :

— Voilà la situation. Que faisons-nous ? Passer en tutelle, il n'en est pas question ; d'accord ?

— D'accord.

— Nous pouvons continuer quelques mois en réduisant encore le nombre de pages et attendre le miracle. Nous pouvons aussi faire autre chose. Nous avons en caisse de quoi régler régulièrement les indemnités de tous les collaborateurs dont il faudra nous séparer, et nous reconvertir en hebdomadaire. Nous devrions pouvoir garder assez de lecteurs pour tenir le coup. Que pensez-vous de cette solution ?

C'était la meilleure. J'ai dit que Servan-Schreiber était un sage et bon navigateur.

Le plus dur ne fut pas la reconnaissance de

1. Le 2 janvier 1956.

l'échec. Je n'aime pas l'échec, mais il n'y a pas de carrière qui n'en comporte, plus ou moins visible. Il faut savoir perdre. Je crois savoir. Le plus dur, pour nous et pour tous ceux qui continuaient avec nous, ce fut de ne pas prendre quarante-huit heures pour dormir parce qu'un intervalle, fût-il d'un jour, entre le dernier numéro du quotidien et le premier numéro du nouvel hebdomadaire eût été désastreux.

Le petit tigre — ou bien est-ce une panthère ? Un jaguar ? Nous ne l'avons jamais bien su[1] — qui figura sur la couverture de *L'Express* reconverti, et qui devint son emblème, est né, lui, d'un repas expédié dans un snack-bar.

Je cherchais désespérément une idée. J'en jetais plusieurs. C'est toujours le signe que la bonne n'y est pas.

— Non, me dit Servan-Schreiber. Il faudrait suggérer l'idée d'une chose qui revient, que l'on rapporte...

— Une tête de chien ? Ce sont les chiens qui rapportent...

Il opina sans enthousiasme. En remontant au journal, je demandai que l'on réunisse toutes les photos de chiens disponibles dans les agences parisiennes. De cocker en caniche nain, et de danois en pékinois, j'allais renoncer lorsque, parmi ces photos, celle du petit tigre apparut. C'était lui qu'il nous fallait. Je portai sa photo au retoucheur pour qu'il lui mît un *Express*

1. Il s'agit, en fait, d'un léopard.

dans la gueule. Ce petit tigre allait avoir une fameuse jungle pour galoper, prendre des coups et les rendre. Ceci se passait le 9 mars 1957. Le 10 juillet, les ministres du Front républicain rappelaient Servan-Schreiber, lieutenant en Algérie.

Avant son départ, j'avais observé une crise de confiance à l'égard du journal. L'expérience du quotidien avait trop brusquement élargi notre équipe et altéré son esprit. Cette maison qui avait été sans clans, sans intrigues, sans rivalités, fut longue à retrouver sa physionomie. Autre chose me pesait bizarrement. J'avais toujours été, partout, la plus jeune, la petite. Je me retrouvais la moins jeune et j'en retirais une sorte de vague écœurement, celui que l'on éprouve au restaurant lorsque, dessert avalé, on aperçoit des œufs mayonnaise, ceux du voisin.

Il arrive peut-être un âge où l'on regrette sa jeunesse. Je n'en étais pas là, et je doute que cela m'arrive jamais. Regretter sa santé, sa force, oui. Mais de cela j'étais plus riche que les autres. Regretter sa jeunesse... Il faut avoir la mémoire courte. Le temps magnifique de la vie, c'est celui où l'on sait et où l'on peut. Les œufs mayonnaise de mes voisins me paraissaient un peu périmés. Cela me déprimait. Je voulais regarder en avant, pas en arrière.

Détail plus important, j'étais excédée par la condescendance dont je faisais l'objet. Parce que Servan-Schreiber était un homme et venait du *Monde*, parce que j'étais une femme et que je venais du groupe *France-Soir*, il semblait acquis, une fois pour toutes, que j'infectais l'austérité de ses méthodes professionnelles par mes tendances sensationnalistes. Le malentendu, en soi, était plutôt comique. La volonté intervient peu dans le ton d'un journal. *L'Express* reflétait, comme ses confrères, non des méthodes mais des tempéraments, le plus fort l'emportant toujours, mais pondéré — ou exacerbé — par l'un ou par l'autre.

Je suis, par tempérament et non par vertu, réfractaire au sensationnalisme. Lecteur, il me heurte et m'éloigne du journal qui le pratique. Journaliste, je sais mal le mettre en œuvre. Et, quoi qu'en pensent les puritains, il y faut du talent ou, au moins, un talent que je ne possède pas. Servan-Schreiber le possède. Il sait, et il aime, frapper, provoquer, mettre en scène. Et il s'y employait avec d'autant moins de réserve que ses objectifs étaient nobles et que la fin justifiait à ses yeux les moyens. Je le retenais souvent, comme un cheval trop vif. Parfois, je cédais ou, au contraire, je freinais trop. Il s'amusait, et nos collaborateurs aussi, de la confusion que l'on faisait à l'extérieur entre nos influences respectives sur la physionomie de *L'Express*. Moi, ça ne m'amusait pas tellement. Je décidai de recouvrer pour un temps ma liberté. J'avais besoin de prendre un peu de distance, de me regrouper et de remettre mes objectifs de tous ordres en question.

Le départ et l'absence de Servan-Schreiber vinrent m'interdire d'un coup les états d'âme.

Une fois encore, le destin m'avait tendu un piège et j'y étais tombée. On ne lâche pas quelque chose ou quelqu'un dont le sort, pour un moment, peut dépendre de votre solidité. Du moins, je ne lâche pas, trop contente sans doute de me sentir justifiée d'être.

Quand il revint d'Algérie, sept mois plus tard, Jean-Jacques était un autre homme, à la fois irascible et délabré en quelque mystérieuse région de lui-même. Et plus il se sentait délabré, plus il devenait irascible. Il ne savait même plus sourire. Il ne sautait plus les murs des jardins. Il entrait par la porte, comme tout le monde. Il ne voulait plus s'occuper de L'Express, il ne voulait plus rien.

Nous étions frères de combat pour le meilleur et pour le pire. Que pouvais-je faire pour lui ? Ai-je dit que ma mère l'adorait et qu'elle ne m'eût jamais pardonné, je crois, de lui faire défaut, pas plus qu'elle ne lui eût pardonné de trahir le pacte tacite de solidarité qui nous liait ?

Je pouvais peu. Assurer la continuité de son journal et l'aider à se délivrer d'un peu d'Algérie en le poussant à écrire un livre sur ce qu'il avait vu et vécu là-bas.

Servan-Schreiber m'a fait deux cadeaux. L'un, c'est la maquette, format réduit, du premier numéro de L'Express, encadrée de cuir et d'or. Elle était dans mon bureau. Je la lui ai rendue avec le bureau. Pas de relique.

L'autre, c'est un exemplaire du tirage spécial de *Lieutenant en Algérie* qui porte ces mots : « Pour vous Françoise, ce récit qui doit tout à votre courage, à votre lucidité, à votre tendresse. Jean-Jacques. Mai 57. »

Comme son écriture est hermétique, on lit : « qui doit tant ». Alors, il a mis à côté du mot obscur un petit : (1). Ce que l'on appelle, dans notre métier, un « appel de note ». Et au bas de la page il a écrit : « 1) Pas tant, TOUT. »

Ce livre était chez moi. Il y est encore. Ce n'est pas une relique funèbre, mais le symbole d'un sentiment vivant qui, de mon côté, n'a pas dépéri : en position demain de recommencer à arracher mon ancien compagnon de lutte au désespoir, je le ferais.

Si quelqu'un, quelque chose, ou lui-même, parvient à tuer cette certitude, je lui rendrai son livre.

C'est aussi le seul témoignage à décharge que je puisse invoquer devant mon propre tribunal lorsque, regardant l'accusée, je lui demande : « Qu'as-tu fait pendant sept ans ? Travailler, travailler... Tout le monde travaille, tout le monde va, vient, s'agite. Quel sens a eu ta petite agitation, qui te justifie d'avoir été ? »

Je baisse la tête et je réponds : « Pas grand sens, je sais bien. Tout de même... J'ai fait que *Lieutenant en Algérie* a pu être écrit et diffusé[1].

---

1. En mars 1957, sous forme de feuilleton dans *L'Express*, puis chez Julliard.

Cela, oui, je crois que je l'ai fait. C'est tout, mais cela avait un sens. Je n'ai rien à ajouter pour ma défense. » Ou peut-être si... Quelque chose. J'ai essayé de faire qu'autour de moi le travail quotidien soit plaisir et pas seulement gagne-pain, inévitable servitude. La dignité du travail, cela aussi a un sens... Mais là, je ne sais pas si j'ai réussi. Je n'ai aucun témoin à citer, et l'accusation en a peut-être.

Le jour où je suis partie, cela a été vite. Je suis partie parce que, quoi qu'il en dise, Jean-Jacques en avait besoin. Donc, parce que, quoi que j'en dise, j'en avais envie.

Un psychanalyste[1] auquel il avait confié le soin de guérir ses insomnies et ses délires avait consciencieusement exhumé le percheron qui, selon lui, somnolait depuis trente-cinq ans sous une robe de pur-sang. Maintenant Jean-Jacques avait besoin d'être aimé par une autre, de s'admirer dans un autre miroir. Depuis plus de deux ans, je savais où il allait. Que le trajet soit accompli, j'en étais presque soulagée.

Le jour où l'on me demanda de remplir un papier administratif qui comportait cette question : Qui faut-il prévenir en cas d'accident ? Je répondis spontanément : personne.

Jean-Jacques s'offusqua. Il avait raison. J'allais

---

1. Sacha Nacht (1901-1977), psychanalyste de la même génération que Jacques Lacan, (1901-1981), plus conventionnel mais aussi recherché que lui, à l'époque, par les intellectuels parisiens.

trop vite. Je bousculais sa démarche. Il voulait se détacher de moi, non que je me détache de lui. Il voulait donner un nouveau contenu à sa vie, non que je donne un nouveau contenu à la mienne, il voulait changer de miroir, mais à son heure et avec ma bénédiction. J'aimais Jean-Jacques, l'ai-je dit ? On ne prive pas ce que l'on aime de la moitié du monde, c'est-à-dire de toutes les autres femmes. Jean-Jacques avait pu les prendre dans les rares occasions où il en avait eu envie, sans altérer ma confiance dans le caractère indestructible de ce qui nous lierait aussi longtemps que chacun de nous resterait fidèle à lui-même. La réciproque était vraie, si je n'en usais guère.

Se transformant en « monsieur bien sous tous rapports cherchant vue fonder foyer catholique personne bonne éducation physique et goûts modestes », Jean-Jacques avait raison de dire qu'il ne me trahissait pas. C'est lui qu'il trahissait, qu'il abandonnait ou plutôt qu'il rejoignait après un long détour.

Que sa quête ait abouti ici ou là m'importait peu. Je n'étais pas concernée. Parfois, j'avais peur pour lui, car je le voyais en train de reproduire de façon frappante la posture psychologique de ses vingt ans, quand il avait cherché la même jeune fille — mais elle l'avait repoussé[1] — puis encore la même jeune fille — et il l'avait

1. Colette Rousselot (1924-2007), qui sera l'épouse de Jacques Duhamel, puis de Claude Gallimard.

épousée[1], mais ensuite elle aussi l'avait repoussé. Avec la troisième[2], il rejouait le même rôle, soucieux en apparence de mon acquiescement, comme il l'avait été autrefois de celui de sa mère, mais, en profondeur, ne cherchant qu'une incarnation asexuée de la pureté qui lui permît de nier la femme dans les femmes, comme il l'avait cherchée en d'autres temps.

Cette fois-ci, réussirait-il son mariage ? L'analyse, inachevée, l'avait-elle bien dépouillé des structures qui l'avaient jeté vers moi comme un balancier qui oscille ? Sa troisième partenaire, l'avait-il choisie comme un homme stabilisé, enfin à son aplomb ?

Il me semblait que non et qu'ensemble ils se fourvoyaient. Ils se voyaient peu, seuls, et dans le mystère. Rien de plus dangereux que de passer brusquement des amours clandestines au mariage, soit à la plus publique des relations humaines. C'est à peu près comme d'ouvrir brusquement les volets d'une pièce que l'on a connue seulement baignée de lumière tamisée. Tout se met à bouger, les couleurs, les proportions, la résonance des voix. Quelquefois, c'est mieux. Rarement.

Éclairée par les autres, je croyais voir comment elle pourrait devenir, auprès de Jean-Jacques, une petite péronnelle docte ; comment il pour-

1. Madeleine Chapsal, sa première épouse, était stérile.
2. Sabine de Fouquières, la deuxième, qu'il épousa le 11 août 1960, sera la mère de ses quatre fils.

rait devenir, auprès d'elle, un méchant loup encagé ; comment ils risquaient de se transformer en un couple nostalgique d'un bonheur imaginé et jamais atteint. Mais je me trompais peut-être complètement et, de toute façon, j'étais la dernière personne en situation d'intervenir. Je pouvais seulement tenter de donner à Jean-Jacques ce qu'il me demandait : l'impossible, l'amour sans retour, l'amour sublime. Je ne me sentais pas capable de tenir longtemps dans le sublime. Il croyait le contraire, il voulait que ce fût le contraire. Par orgueil, je lui disais que j'essayerais et que, peut-être pour lui, j'y arriverais, s'il m'aidait un peu. Par loyauté, il disait non ; il ne m'aiderait pas ; il ne savait pas ; c'était à moi de savoir, comme toujours...

Mais j'étais fatiguée, Jean-Jacques, trop fatiguée depuis que je n'avais plus où refaire mes forces, ni auprès de ma mère[1], ni auprès de vous. « Je vous ennuie », disait-il tristement. Non. Il ne m'ennuyait pas. Il me ruinait.

Jamais je n'ai vu Jean-Jacques autant et mieux, en dépit des horaires accablants que nous nous étions imposés, que pendant cette période où il a pris congé de sa jeunesse et de lui-même pour entrer dans les ordres bourgeois. Jamais les fleurs qu'il m'envoyait n'ont été plus exubérantes, ses cadeaux plus attentifs. Jamais la communication entre nous n'a été plus intense, plus complète, comme si nous savions, en dépit de

1. Sa mère était morte le 10 juillet 1959.

nos propos, qu'il fallait profiter des derniers instants qui nous étaient accordés avant qu'elle ne soit impitoyablement, immanquablement brouillée. Lorsqu'il a commencé à ne plus m'entendre que par à-coups, comme dans ces conversations téléphoniques de province à province, où une demoiselle impatiente réclame le circuit en demandant à tout instant : « Terminé ? », sont nés, comme leur nom l'indique, les malentendus. Ils ont été dramatiques mais, heureusement, de courte durée.

Une rare conjugaison d'événements, de caractères, de fantasmes, de goûts et d'objectifs, nous avait réunis et tenus soudés, nous accordant d'atteindre parfois les hauts lieux de l'amour. Elle avait été féconde en joies, productive en énergie créatrice, ambitieuse enfin puisque sa réussite postulait qu'un homme et une femme peuvent être États associés et non colonisés l'un par l'autre.

Cela est possible ; j'en demeure convaincue. J'ai le droit de le croire. Je l'ai vécu pleinement. D'autres réussiront mieux dans l'avenir.

Le jour du mariage de Jean-Jacques, j'ai acheté d'occasion une petite voiture de sport, nerveuse et puissante. En roulant, seule, dans la nuit, je l'ai poussée à son meilleur, et j'ai connu un plaisir intense, ce plaisir lent, large, qui monte, s'épanouit, s'étire, éclate et meurt en même temps que l'on s'arrête. Je pensais que lui non plus, ce soir-là, ne rodait pas, mais qu'avant d'obtenir la réponse du plaisir porté à son meilleur, il faudrait qu'il roule longtemps, à supposer que le moteur qu'il s'était acheté soit de meilleure race que la carrosserie.

Et je me disais qu'il est beau d'être libre. Quand ma voiture m'ennuiera, je l'échangerai contre une autre, et elle ne me fera pas la tête.

Pensée vulgaire. Sans doute, je souffrais, et la vulgarité d'âme est parfois l'exutoire de l'excès de la souffrance comme le rire est l'exutoire de l'excès d'émotion.

Pensée inadéquate. Cette liberté-là n'est pas une conquête. Il n'y a guère de femme qui ne sache, de toute éternité, être impitoyable lorsqu'elle croit le temps venu d'échanger un amour usé contre un neuf. Et Jean-Jacques, que son cœur d'homme entraînait à cumuler les amours plutôt qu'à substituer l'un à l'autre, car les hommes sont fidèles — ils ne cessent jamais d'aimer, ils aiment quelqu'un de plus —, Jean-Jacques serait toujours impitoyable à qui s'aviserait de vouloir le priver d'un amour, ancien ou nouveau.

Ma liberté, quand, ce soir-là, je me comparais à lui, était autre. J'espérais avoir échappé à ce dérèglement de l'esprit qui consiste à voir les choses comme on voudrait qu'elles soient, et non comme elles sont.

Les adversaires de Jean-Jacques étaient tous, à ses yeux, des salauds. Des cons, disait-il. Seuls ses amis et lui-même détenaient la vérité et la justice. Ce qui avait ressemblé à de l'intransigeance juvénile s'était, au contraire, aggravé avec les années. Saint-Just doit mourir jeune. Sinon, il se consume.

Dans la vie du cœur, son attitude était analogue. Qui lui résistait, qui le jugeait durement, devenait sur-le-champ négligeable. Qui lui appartenait, qui l'aimait, brillait de tous les éclats. J'avais assez bénéficié de cette disposition pour la bien connaître.

J'imaginais Jean-Jacques, dents brossées, pyjama propre, soporifiques prêts à fonctionner, prenant sa nouvelle et péremptoire petite épouse dans ses bras comme si elle eût été Juliette, doublée de Cléopâtre sur fond de Pénélope, lui faisant bien sagement un enfant et s'endormant d'un coup après avoir cru qu'il venait de réinventer le mariage.

Je savais, moi, qu'avec l'homme que je pouvais rejoindre et la voiture que je conduisais, je ne réinventerais rien. En étais-je plus heureuse ? Non. Simplement, je ne me trompais pas sur la nature de mes impulsions.

Jean-Jacques était-il heureux ? Sans doute, à sa façon, c'est-à-dire en imaginant le ciel bleu où il évoluerait lorsqu'il aurait percé le plafond des nuages. Car le présent de Jean-Jacques était toujours nuageux.

Personne n'était moins fait que lui pour le bonheur vécu, personne n'a imaginé des lendemains plus radieux ou plus apocalyptiques, selon les jours, qu'il s'agît de son propre avenir ou de celui de l'humanité entière. Ainsi vivait-il ses aujourd'hui dans la prévision lyrique de ses lendemains.

Le soir de son mariage, une fois dépassée la sale réaction à la douleur, j'ai souhaité que les débuts de cette union soient illuminés par l'idée qu'il se ferait de ce qui leur succéderait. Et il m'a plu de trouver intacte cette perle dans mon cœur : l'amour à l'état pur, celui qui permet d'aimer un autre plus que soi et à le vouloir heureux, fût-ce contre soi. Une toute petite perle en vérité, parmi beaucoup de boue. Mais enfin, elle brillait. Et je sus gré à Jean-Jacques, une fois de plus, d'avoir déposé en moi cette invisible richesse.

Je ne sais pas encore s'il est vrai que les perles meurent lorsque plus personne ne s'en pare.

Je pourrais raconter Jean-Jacques autrement. La vérité objective n'existe pas quand il s'agit d'un être humain. Elle existe à peine pour parler d'un fauteuil.

Celui-ci est Louis XV, en bois doré, recouvert de soie grise. Jusque-là, notre vérité est la même. Mais ensuite ? Vous le trouvez beau, je le trouve laid ; vous aimez les meubles gris, je ne les aime pas ; il conviendrait à votre chambre, il n'aurait pas place dans la mienne ; vous le payeriez cher, je n'en donnerais pas cinq mille francs. Et c'est du même fauteuil que nous parlons. Alors, comment parler d'un homme ?

Ce dont je suis sûre, c'était seulement d'avoir vu Jean-Jacques en un instant tel qu'ensuite il n'a plus jamais cessé de m'apparaître, et d'avoir respecté son intégrité au lieu de m'efforcer à modifier ses opinions, ses amitiés ou ses cravates, comme il est courant que l'on s'y acharne parce que l'on ne possède vraiment en l'autre que ce que l'on transforme. Et ce respect, je l'ai reçu de Jean-Jacques en retour.

Sans doute me manque-t-il le sens de la propriété, mais comment revendiquer la liberté pour soi en la frelatant chez l'autre ?

J'ai pris Jean-Jacques tel qu'il m'est apparu, conforme au mythe de l'Homme que je portais en moi, mais aussi tel qu'il a su se montrer, visage nu, sans aucun de ces fards qui se diluent si vite à la lumière de la vie commune et plus encore dans le travail en commun.

Quand je l'ai laissé, il était comme ces femmes qui procèdent à un *peeling*, à un arrachage de la première peau. Pendant le temps que dure l'opération, elles sont couvertes de taches brunes. C'est laid ; cela défigure. Mais c'est provisoire. Ensuite, une autre peau apparaît, bien propre.

L'horrible, avec la psychanalyse, c'est que le provisoire dure trois ans, parfois davantage, et qu'en cours de traitement les taches changent de place, et que vous n'avez plus en face de vous un visage, quel qu'il soit, mais deux, trois, quatre visages offrant des sincérités successives.

L'horrible est que l'échelle des valeurs à laquelle se réfère un individu en cours d'analyse ne peut plus se superposer sur aucune autre, puisque le premier objectif du traitement est de placer le malade en face d'un médecin qui n'émettra jamais, sur ses conduites passées ou présentes, un jugement de valeur.

Quoi qu'il ait fait, quoi qu'il fasse en cours d'analyse, il est absous, qu'il s'agisse de la morale commune ou d'une morale particulière, et il est en tout cas engagé à se voir sous une troisième dimension qu'il se met aussitôt à vouloir appliquer aux autres, avec plus ou moins de discernement.

Plus l'analysé est avancé en âge, plus ses structures sont fortes, fût-ce à partir de complexes qui l'ont précisément incommodé au point qu'il requiert un médecin, plus la démolition est longue et génératrice de troubles du comportement. Entièrement concentré sur lui-même, le regard tourné vers l'intérieur, le névrosé devient une boussole dont l'aiguille marque le Nord : là où se trouve son psychanalyste.

Certains psychanalystes sont des thérapeutes remarquables. Ceci n'est pas une clause de style : j'ai confié mon fils, lorsqu'il a eu seize ans, à l'un d'eux[1]. D'autres sont de modernes Méphisto, dictateurs gourmands de Faust.

Je ne souhaite à personne de subir une analyse par homme ou par femme interposés, sinon que toute expérience est enrichissante, à condition d'y survivre.

---

1. Jacques Lacan. En vacances dans la région, il l'emmena voir *Don Giovanni* au festival d'Aix-en-Provence pendant l'écriture de ce récit.

J'ai vu Jean-Jacques, l'homme le moins mouvant dans ses sentiments et le plus attentif à vivre sa morale, osciller en lui-même comme un bateau ivre, virant, louvoyant, et tout cela sans qu'il soit conscient de rien, sinon d'une grande fatigue nerveuse dont, auprès de moi, il s'excusait gentiment. J'ai vu Jean-Jacques transformer le contenu des mots et les mots eux-mêmes, inventer des phrases qui n'avaient pas été prononcées et en oublier d'autres qui avaient été dites. J'ai vu Jean-Jacques se décomposer et se recomposer. Et il n'y a rien à faire. Qu'à attendre. Et à prier pour que tant de souffrance ne soit pas vaine et qu'à l'issue du traitement un homme tranquille s'asseye désormais dans sa vie.

Si la psychanalyse bien conduite était obligatoire, comme le vaccin D.T.T. avant vingt ans, les relations humaines en seraient sensiblement modifiées, et dans le meilleur sens. Les héros et les gangsters, les saints et les pédérastes, les infirmières et les bouchers sauraient le pourquoi d'eux-mêmes, nul ne pourrait plus se prendre sérieusement pour une belle âme, et il ne se trouverait peut-être plus personne pour vouloir le pouvoir — plus personne, en tout cas, pour se leurrer sur les raisons qui peuvent pousser à le convoiter.

Mais nous n'en sommes pas là. L'ennui est que nous n'en sommes pas davantage au temps où nous étions indemnes de ce que Freud a appelé lui-même « la peste ».

« Jeanne était au pain sec dans un cabinet

noir... » Si Victor Hugo écrivait aujourd'hui, Jeanne serait chez un psychopédagogue en train d'expliquer pourquoi elle vole les 45 tours. Et le héros au sourire si doux dirigerait le Centre d'action psychologique contre la guerre subversive, puisque, comme tous les progrès, l'analyse a aussitôt sécrété son poison, le lavage de cerveau.

Et que suis-je moi-même en train de faire ? Sinon de chercher des justifications à des conduites qui, vues sous l'angle de certaines morales, y compris de la mienne, ne font pas de moi une personne très respectable, tandis que d'autres, qui me donnent belle figure, sont, je le sais, de méchante origine...

Le jour où, enceinte de Jean-Jacques, je me suis amputée d'un enfant, qu'ai-je fait ? Aux yeux des uns, simplement, un crime. À mes propres yeux, au moment où il fallait prendre une décision, un acte de courage et d'amour. Je croyais, à la suite d'un accident, n'être plus capable d'avoir un enfant. Et puis voilà que le miracle se produisait. Jean-Jacques en fut ému, mais troublé. Outre que, juridiquement, nous étions l'un et l'autre mariés, ce n'était pas cela qu'il attendait de moi. Aucune des raisons qui le retenaient de le souhaiter n'était basse, mais cela posait, à plusieurs égards, des problèmes. Et mon rôle consistait à résoudre ses problèmes, non à lui en créer.

Il me laissa libre de décider ; c'était la façon la plus élégante de dire ce qu'il souhaitait.

Nous n'en avons plus jamais parlé. Je crois même, oui, je crois que Jean-Jacques a oublié. Sa docile mémoire a censuré ce bref épisode de notre vie.

Je pensais, à l'époque, m'être bien conduite, et je m'attendris un peu sur moi-même...

Plus tard, j'ai vu combien il était entré d'orgueil dans ma décision et comme j'avais pris soin de ma propre physionomie — « une femme comme moi ne s'insère pas dans la vie d'un homme au *forcing*... » — autant que des problèmes de Jean-Jacques. Le comique, c'est que lesdits problèmes en auraient peut-être été sérieusement allégés.

Je sais aujourd'hui que sous cette vérité au second degré s'en trouve encore une autre. Une issue différente m'eût intégrée à une famille, à un clan, à un groupe, à un système, à une société, à tout ce qu'il fallait que je fuie pour continuer à me sentir errante, à tout ce qui est interdit aux rebelles comme aux coupables.

Et qui sait si, sous cette vérité-là, une autre ne se dissimule pas... Mais je ne peux pas, seule, aller plus profond.

Quand le travail quotidien est rude, il distrait de soi-même. Le mien était rude, moins qu'autrefois car le journal était maintenant rodé et étayé de tous côtés par de bons collaborateurs, assez, cependant, pour que les jours s'ajoutent aux jours sans que j'aille au fond d'une révision de mes objectifs. Simplement, si je voyais de quels lendemains *L'Express* se voulait l'instrument prophétique, je voyais aussi l'aspect mécanique et improductif de ma part d'action dans la construction de ces lendemains.

Tous les mardis soir, je mettais un cachet de Corydrane[1] dans la machine ; et dans la nuit il en sortait un article qui répétait, plus ou moins, le précédent. Le reste de la semaine, je nourrissais un journal le mieux possible pour qu'il se porte le mieux possible. Quelquefois, un lecteur écrivait : « Bravo continuez, vous avez du courage... » Peut-être, mais pas celui qu'il pensait.

---

1. Stimulant à base d'aspirine et d'amphétamines fort prisé des écrivains et des journalistes, retiré du marché en 1971.

Il ne fallait — en tout cas il ne me fallait — pas grand courage pour risquer une inculpation, ou une grenade dans nos bureaux comme on nous en annonçait régulièrement. Il en fallait davantage pour subir volontairement cette mise au ghetto permanente — vous, la presse défaitiste — à laquelle procédaient nos ennemis. Mais nous étions en si bonne compagnie...

Le courage, c'est de lutter sans savoir pour quoi, ni pour qui, c'est d'user son énergie sans pouvoir la refaire.

Ma mère était morte après des mois de souffrances telles qu'en rentrant le soir du journal j'en étais arrivée à arpenter le trottoir devant ma porte, reculant le moment de retrouver son corps supplicié et, dans son doux visage, ce regard jusqu'au bout lucide qui disait : « Je ne peux plus. Je le sais, que tu as encore besoin de moi, mais pas dans cet état. Alors combien de temps vas-tu admettre que l'on me martyrise ? Nous n'avons pas peur de la mort, toi et moi. Viens. Aide-moi. Dieu comprendra. Je m'arrangerai avec lui. »

Cette prière, que parfois elle formulait bien nettement, bien clairement, devenait insoutenable. Je ne pouvais rien pour elle. Même pas lui donner, le jour, ma présence.

Elle s'est éteinte un soir d'été, alors que j'étais en voyage. Alors, j'ai compris, d'un coup, ce que signifie « être seule ». C'est ne plus avoir, auprès de soi, quelqu'un de qui se faire entendre sans parler.

Je n'avais jamais connu cette solitude-là. Elle est infinie et peut-être, en ce qui me concerne, irrémédiable, quels que soient le nombre et la qualité de mes amis. En une période de travail heureux, sans doute aurais-je mieux su l'assumer.

J'étais utile à *L'Express*, je ne m'y croyais plus indispensable. Et *L'Express*, à quoi était-il utile ? À rien en tout cas qu'il ne puisse faire sans moi.

Devant mon propre tribunal, je n'étais pas encore coupable d'être, mais l'acquittement devenait chaque semaine plus laborieux.

Le jour où a éclaté l'affaire du réseau Jeanson d'aide aux déserteurs[1], j'ai regretté de n'être pas d'accord avec lui, de ne pouvoir, de bonne foi, situer le Mal où il le situe et rejoindre son combat.

De tout cela, j'ai voulu parler longuement avec Servan-Schreiber, comme nous l'avions toujours fait. Mais les circonstances ne s'y sont pas prêtées. Il était absorbé dans les péripéties de sa vie personnelle et peu disponible pour éclairer ma réflexion. C'était heureux pour lui, si cela ne l'était pas pour moi. Dans les périodes obscures où l'on joue à cache-cache avec le dragon, rien de mieux que d'être distrait. Cendrars disait, en 1940, lorsque aucune perspec-

---

1. Février 1960. Les positions anticolonialistes et antigaullistes de *L'Express* l'exposaient à de multiples saisies policières et à des menaces d'attentat émanant des partisans de l'Algérie française. Deux ans plus tard, l'appartement de Françoise fut plastiqué par l'O.A.S.

tive de lutte clandestine n'apparaissait encore :
« C'est le moment de tomber amoureux d'une
modiste. »

Les modistes, ce n'était pas le genre de
Servan-Schreiber, mais il avait trouvé un autre
exutoire.

Souvent, le dimanche, nous allions marcher
ensemble, à la campagne si possible. Nous
aimions bien prendre un problème et le creuser
à fond. Il disait ses idées, ses inquiétudes, ses
espoirs, ses projets pour le journal. Je disais les
miens.

Ces confrontations étaient toujours fructueu-
ses. Elles devenaient plus rares parce que Servan-
Schreiber avait d'autres obligations dominica-
les, mais il savait comme moi combien nous en
tirions profit, et le calme que, pour toute la
semaine de travail, nous y puisions.

Un dimanche où il avait réussi à se libérer, je
lui dis un mot de nous. Il me répondit :

— Il me semble que nous avons vécu ensemble une relation humaine exceptionnelle. Pourquoi ne seriez-vous pas capable d'en vivre
maintenant une autre avec moi, aussi rare ?

— N'est-ce pas vouloir l'impossible ? Je n'aime
pas être malheureuse. Le malheur rend les femmes laides, ennuyeuses et lourdes. Les hommes
aussi, d'ailleurs. J'aime être gaie et me sentir
légère. J'aime le bonheur parce que je le crois
fécond. Ce que vous m'avez permis de faire, à
L'Express, je ne l'aurais jamais accompli sans
l'élan heureux que me donnait notre relation.

Avec quoi voulez-vous que je fasse du bonheur dans cette nouvelle situation ?

— Vous y arriverez. J'ai confiance. Vous n'êtes pas comme les autres.

Voilà. On y revenait. Mieux valait parler de *L'Express*.

À la fin de ce dimanche-là, j'ai eu l'impression de voir plus clairement le sens de ce que nous faisions, de ma propre action et de ses perspectives. Le bonheur était là. Il fallait savoir le prendre, même terni.

Une petite flamme s'était remise à briller dans ma nuit. Mais il eût fallu l'entretenir, car elle était fragile. Les semaines passèrent sans que notre emploi du temps s'y prêtât. Nous avions beaucoup d'obligations. Le lundi soir était consacré à l'entretien dont l'extrait concentré devenait : « Qu'en pense Mendès France ? » Le mardi soir, nous finissions très tard. Au fur et à mesure que le journal grossissait, la révision générale des photos, des légendes, et des textes, ligne à ligne, à laquelle je m'étais toujours astreinte, inutilement peut-être, devenait plus laborieuse. Le mercredi soir, nous étions éreintés. Servan-Schreiber se levait, le matin, à cinq heures, pour écrire son article. Je me levais bien tôt, moi aussi, pour surveiller, au marbre, la fabrication du journal. Et peut-être était-ce également une astreinte inutile. Où commence et où finit le travail utile dans ce que le lecteur sent mais ne voit pas, le bien cousu, le fini, le bordé... Le jeudi, le vendredi, il fallait dîner avec celui-ci, ou avec celui-là, assister à une projection de film, lire un document. Le samedi et le dimanche soir y passaient parfois.

Le seul vendredi dont nous avions cru pouvoir disposer fut absorbé par le ministre de l'Information. *L'Express* avait été saisi. Un communiqué interminable avait suivi. Servan-Schreiber en avait entendu les derniers mots à la radio, avant de quitter le journal pour me rejoindre. Il fallut par téléphone en obtenir le texte complet, l'étudier, rédiger une réponse, la diffuser. Notre soirée y passa.

Puis mon fils eut un accident de voiture. On me réveilla un matin à cinq heures pour m'annoncer qu'il était à l'hôpital, le crâne fracturé. Rien d'aussi grave ne s'était produit, mais il fallut quelques jours pour que j'en sois assurée, et je ne sortis pas de cette aventure en meilleur état que je n'y étais entrée, d'autant que le courrier que je recevais à mon domicile contenait maintenant, tous les deux ou trois jours, une lettre anonyme[1]. Littérature obscène qui prétendait me renseigner utilement sur les nouvelles amours de Jean-Jacques, ces lettres ne m'apprenaient rien. J'étais on ne peut mieux informée, mais ce que l'on sait offense moins que ce que l'on voit.

On ne vit pas longtemps heureux dans sa vie

1. Seule allusion aux lettres anonymes dont J.J.S.S. va l'accuser d'être l'auteur, et unique apparition de cette expression dans le texte, ce qui s'appelle, en littérature, un hapax.

privée et publique sans susciter beaucoup de dépits. J'avais abusé. Quelqu'un se délectait à détruire ce que j'avais eu la possibilité d'édifier, et réussissait pleinement. Le seul antidote à ce poison demeurait *L'Express* et l'affection de Servan-Schreiber.

Nous devions passer un week-end ensemble, en compagnie de l'un de nos collaborateurs, pour mettre au point nos plans d'été. Servan-Schreiber arriva tard, le samedi soir. Le dimanche matin, à huit heures, il m'annonça qu'il était obligé de rentrer à Paris. Je le revois, avalant son café, plus taciturne, plus sombre, plus tendu encore que de coutume. Et je me revois au bord de lui dire : « Ne partez pas, Jean-Jacques. Je suis en hémorragie de vie, comme vous de retour d'Algérie. Ce que j'ai fait alors, faites-le pour moi aujourd'hui. Ou alors, c'est que nous ne formons plus équipage pour le meilleur et pour le pire. »

J'ai dit seulement : « Vous ne restez pas déjeuner ? Vraiment ? »

Il a répondu : « Non. »

J'ai vu que, pour la première fois, depuis près de neuf ans que je le connaissais, il me détestait. D'être une femme. De n'être pas, en dépit de la relation virile que le travail commun avait tissée entre nous, un homme auquel il pouvait dire : « Écoute, vieux, fous-moi la paix avec tes conneries », et dont les mécanismes lui auraient été moins étrangers. Il me détestait, et il avait raison. La faiblesse, cela ne faisait pas partie de notre contrat. Dans son cœur, qui est bon, il souhaitait infiniment me venir en aide. Dans sa tête, qui est froide, il avait perçu un danger.

La force intérieure, il n'en avait alors pas trop pour se gouverner lui-même. Il ne pouvait pas m'en dispenser. S'écraser ensemble ? Romantique, mais stupide. Dans ces cas-là, il faut savoir larguer son coéquipier. Il avait heureusement cet instinct qui me manque et que l'on nomme instinct de conservation. Il avait une mère. Il avait encore beaucoup de choses qui me faisaient défaut : une place dans le monde dont il ne doutait pas, une épaule où poser sa tête, un journal qu'il pouvait quitter six mois sans se sentir coupable ou en faute vis-à-vis de personne, de l'argent, un groupe familial, un clan, tout ce que, obstinément, j'avais à la fois cherché et repoussé.

Quand on prétend vouloir naviguer sans jamais porter le poids d'un parachute, il faut accepter le risque et ne pas se plaindre lorsqu'on se retrouve éjectée, les reins cassés. Je ne me plains pas. J'ai toujours accepté de payer le prix de ma liberté. Et je n'avais jamais pris Jean-Jacques Servan-Schreiber pour un sentimental. Sinon, je n'aurais pas fait confiance à son génie politique.

En le regardant partir, je me dis que je l'avais toujours bien jugé : loyal, généreux, constant dans ses objectifs, mais implacable pour qui risquait de le déranger. Avec tout cela on fait de grandes choses, mais pas de l'amitié. Il avait aussi, à un rare degré, l'intelligence et la délicatesse du cœur à l'égard de ceux qu'il aimait. Mais il aimait peu, très peu. En tout cas, ce matin-là, il ne m'aimait pas.

Peut-être suis-je en train de raconter Servan-Schreiber à travers le prisme déformant de ma culpabilité et de ma rébellion chroniques. Peut-être ai-je voulu voir de l'hostilité là où il n'y avait que migraine, de la brutalité où il n'y avait que distraction. Peut-être ai-je travesti sa hargne d'un moment parce que je barbotais alors dans l'horreur de me sentir pesante et superflue, en même temps qu'enchaînée.

J'ai commis parfois, avec d'autres, de pareilles erreurs d'interprétation, toujours disposée à imaginer, depuis mes années de pension, que ma présence est tolérée plutôt que souhaitée, toujours prête à fuir avant que l'on ne risque de m'y inviter, difficile, oui difficile à aimer et à retenir comme à aider.

Aujourd'hui, j'ai envie de le croire, de croire que Jean-Jacques, mon frère, mon camarade, ne m'a pas jetée du bord. Mais ce jour-là, j'ai compris autrement son regard et ses silences.

J'avais pour la première fois un besoin urgent que l'on m'aimât faible, lasse, souffrante et que l'on m'aidât à vivre. Jean-Jacques n'aide pas à vivre. Il veut bien, mais il ne sait pas. Dès lors que je pesais sur lui, je me retrouvais en surplus, coupable d'être. Avais-je vraiment pu croire qu'une place existait pour moi dans le monde et que je pouvais y poser ma tête ?

Pourtant, j'avais grand-peine à me déraciner de *L'Express*... À tout ce qui le composait, j'étais trop intimement imbriquée pour que ce fût simple.

Abandonner l'entreprise en plein essor que l'on construit avec sa jeunesse et avec sa foi, renoncer à ce qui a creusé chaque ride de votre visage, durci chaque veine de votre corps, abrégé chaque battement de votre cœur, c'est dur. Lorsqu'il arrive à un homme d'y être acculé, il n'a pas trop de toute la patiente et confiante tendresse d'une femme pour trouver le courage de recommencer, d'aller planter sa tente ailleurs. Et moi, maintenant, j'étais seule pour supporter cette mutilation. Je n'avais plus à qui parler, surtout je n'avais plus de qui me faire entendre sans parler.

Depuis la mort de ma mère, j'avais maigri de telle sorte que Jean-Jacques s'en était ému. Il avait pris rendez-vous pour moi avec son psychanalyste[1]. Je m'étais dit qu'un tel médecin pouvait, en effet, me conseiller utilement.

1. Sacha Nacht.

Celui-ci m'a écoutée poliment quand je lui ai dit que j'étais en train de perdre la volonté de vivre en même temps qu'un kilo par semaine et que j'hésitais sur les remèdes, mais que je sentais bien l'urgence d'en trouver un. Serait-ce le bon de débrayer un peu, de partir en voyage, de changer un temps d'horizon ?

J'avais compté sans la morale particulière de ce médecin. Il soignait Jean-Jacques et c'est son malade qui l'intéressait. Il a jugé sans doute qu'il n'était pas souhaitable pour Jean-Jacques que je m'éloigne. Du moins est-ce là l'hypothèse la plus favorable. Sinon il est aveugle, infirmité fâcheuse pour un analyste.

Il aurait pu me dire : « Je ne suis pas qualifié pour vous conseiller. Consultez un de mes collègues. » Il m'a dit : « Surtout ne ralentissez pas votre activité. Prenez sur vous, vous le pouvez, vous êtes forte. Pas de repos. Cravachez au contraire. C'est quinze mille francs. Au revoir, madame. Si dans trois mois vous n'allez pas mieux, revenez me voir et nous ferons un petit bout d'analyse. »

Je l'ai quitté en pensant que si j'en arrivais là, ce ne serait en tout cas pas à lui que je me confierais. Il passait pour vouloir donner à ses malades ce qu'il appelait un « moi fort ». Aux résultats qu'avec d'autres il avait obtenus, je m'imaginais munie, moyennant cinq millions payables par mensualités, d'un « moi fort », c'est-à-dire du moi peu plaisant à la fois conformiste et désabusé, de cet effracteur mondain de consciences bien parisiennes.

Il y a heureusement dans ce domaine d'autres médecins et d'autres méthodes. Je ne me sentais pas acculée à y recourir, outre qu'elles n'entraient pas dans mes moyens.

J'ai menti à Jean-Jacques — ce que j'avais toujours évité, ce que j'ai fait seulement parfois, rarement, répétant mes subterfuges enfantins, pour forcer son intérêt — en lui rapportant l'entretien, et l'impression que j'en avais retirée. Il s'était remis entre les mains de ce médecin depuis trop longtemps pour que je puisse mieux agir qu'en essayant de ne pas troubler inutilement sa quiétude.

Mes plus proches amis se trouvaient hors de Paris. J'écrivis à l'un d'eux. Il ne me répondit pas. Sans doute avait-il lui aussi ses préoccupations ou bien étais-je restée trop sibylline. Les autres, quand j'essayais silencieusement — mais en hurlant intérieurement — de les appeler à l'aide, entendaient que j'étais fatiguée et que cela s'arrangerait, comme d'habitude, avec un week-end au soleil.

« Quand on a votre ressort moral... Vous qui êtes une force de la nature... »

Et quand je disais : « Il faut peut-être que j'aie le courage de quitter *L'Express* un temps, de m'éloigner. Croyez-vous que je trouverais du travail en Amérique ? »

Ils me répondaient : « Hein ? Quoi ? Quitter

L'Express ? Êtes-vous folle ? C'est une plaisanterie ! »

Et, en effet, je le disais un peu comme une plaisanterie.

Même le plus subtil des hommes, par nature et par vocation, le père Avril[1], déjeunant avec moi, ne perçut pas la fêlure. « Vous aviez l'air si calme, me dit-il ensuite, vous parliez avec tant de passion de votre journal... »

Ce n'était qu'une façon d'essayer de me persuader moi-même que ce journal était encore à moi.

Si j'avais su seulement réduire ma distance à ceux que je voyais, manifester autrement qu'en perdant du poids une détresse insolite, de la nervosité, de l'humeur... Mais je n'ai pas d'humeur. Je suis une espèce de locomotive qui marche régulièrement aussi longtemps qu'on lui fournit du carburant. Que le carburant vienne à manquer ou change de qualité, je continue à rouler, un peu moins vite, encore moins vite. Et puis je m'arrête. Sans doute, le carburant ne m'allait plus. Mais je roulais encore.

Entre deux avions, un de mes amis, étonné d'être resté trop longtemps sans nouvelles, vola deux heures à sa famille pour venir jusque chez moi, un dimanche. Avec lui, j'allais sans masque. Il voulait me voir. Il me vit.

---

1. Dominicain qui prêchait à la radio, ami et confident de la mère de Françoise.

« Décrochez, me dit-il, décrochez vite, vite, partez en voyage le plus vite et le plus loin possible. Si vous laissez une main de plus s'accrocher au radeau que vous avez voulu être, vous coulerez. *L'Express* ? Il est lancé, il ne s'arrêtera pas. D'ailleurs, vous avez tout de même le droit de prendre des vacances, des vraies, non ? Et puis quoi, *L'Express* ? Un journal, cela se refait. Un être humain, cela ne se refait pas. Jean-Jacques ? Foutez-moi la paix avec Jean-Jacques. Il est dans la mélasse, laissez-le faire ses conneries tout seul. Vous n'êtes pas chargée de mission auprès de lui. Si c'est le manque d'argent qui vous retient, je vous en prêterai. Et ne dites pas de bêtises. Le jour où vous vous serez reprise en main, vous en gagnerez où vous voulez. »

Oui. Cette merveilleuse liberté-là, je l'avais. Et il m'était souvent arrivé de penser que même si l'on me retirait un jour le droit d'écrire, je ne détesterais pas être pianiste dans un night-club et jouer avec mon piano jusqu'à ce que l'aube paraisse et que les derniers amants s'en aillent, enlacés, très pâles et un peu ivres.

Le langage de cet ami rude me parvint parce qu'il y avait toujours eu bonne et vraie communication entre nous. J'y réfléchis tout l'après-midi. Aurais-je le courage d'annoncer à Servan-Schreiber qu'il me fallait trois mois de vacances, quitte à ce qu'il eût à abréger les siennes ? Nous avions prévu le contraire. Et je savais si mal dire : « Donnez-moi... » Et ma conscience de coupable se délectait si visiblement quand j'étais celle qui travaillait pour que les autres se reposent... Ceux-ci auraient eu vraiment bien tort de ne pas en user. Ils me comblaient.

Je me promis cependant d'être raisonnable car, cette fois, j'avais de l'eau jusqu'au nez. Le vendredi suivant *L'Express* allait avoir sept ans. Le lundi, je demandai à Servan-Schreiber de m'inviter à dîner ce soir-là, pour que nous célébrions ensemble cet anniversaire. Rendez-vous fut pris. Je comptais lui dire alors : « Voilà. Je pars trois mois. » Et me boucher les oreilles, non tant à ses protestations qu'aux miennes. L'aurais-je dit ? Je ne le saurai jamais. Avant que ce dîner ait lieu Jean-Jacques m'a téléphoné un matin, pour me prier de passer le voir. Cela ne me convenait guère. Il a insisté. Je ne savais pas lui refuser grand-chose, surtout lorsque je le sentais misérable. Et il m'avait raconté que rien n'allait plus dans ses projets matrimoniaux. Je lui proposai de venir chez moi. Non. Il fallait que ce fût chez lui. Il savait cependant que je détestais m'y rendre. Je finis pas accepter, inquiète pour lui.

De ma vie je ne me suis sentie plus ridicule et plus humiliée d'être qu'au moment où j'ai compris ce qu'il avait inventé, alors que je me tourmentais à son sujet. J'étais le clown au nez rouge qui fait des grâces sous le seau d'eau que son compère va faire virevolter au-dessus de sa tête. Quand les enfants voient cela, ils rient. Pourtant, c'est triste les clowns. Ça ne m'a jamais fait rire. À cinq ans, je leur criais : «Attention, votre ami va vous faire mal ! »

Et les autres enfants me disaient : «Tais-toi, lui dis pas !... Ce qu'elle est bête... »

Oui. Pour ça, je suis bête, bête.

Les farces me sont insupportables. Je suis l'idiote qui fait tout rater en prévenant la victime présumée. Les farceurs adultes me font peur pour ce que leurs inventions révèlent de volonté de puissance frustrée, de petit sadisme, de délectation à saper la dignité formelle, faute de pouvoir atteindre l'autre. Joyeux farceurs.

Des tiers avaient fourni à Jean-Jacques prétexte à me soupçonner de desseins que je n'avais pas eus[1]. En trente secondes, je me suis retrouvée dans le bureau de la Directrice, agitée par ce tremblement intérieur qui ne m'a plus quittée depuis et qui correspond chez moi au geste que font les enfants pour se protéger des coups. Tout se reproduisait, y compris la mise en scène. Convocation solennelle, décor hostile... Dès qu'il attaqua, vif comme un serpent, je le soupçonnai d'avoir fait installer un micro dans la pièce pour enregistrer notre conversation. C'était sans doute la raison de son insistance à m'attirer chez lui. Cette conversation fut d'ailleurs réduite à un monologue, le sien.

Comme avec la Directrice, il devint très vite

1. Il l'accusa d'avoir écrit les lettres anonymes obscènes et antisémites que sa fiancée, leurs deux familles et lui-même recevaient depuis quelques mois.

évident qu'il fallait que j'aie mal agi pour que lui aille en paix. Comme la Directrice, il avait pensé à me couper toute retraite. Il savait que, dans la situation qu'il venait de créer, je pouvais songer à en appeler, pour des motifs divers, à quatre personnes. Il les nomma et me signala qu'il les avait, à toutes fins utiles, réunies et informées dès la veille[1]. On serait plein d'indulgence et de mansuétude à mon égard, comme lui d'ailleurs. Une femme... Vous savez ce que c'est...

Tout de même... Ces noires entreprises dans quel but les aurais-je menées ? Là, il y avait une faille dans l'impeccable édifice de Jean-Jacques. Il me répondit : « Vous souffrez d'un dédoublement de la personnalité... », trahissant ainsi l'origine de son postulat. Cette formule, d'une saveur amère dans la bouche d'un homme saturé de tranquillisants et de soporifiques, il ne l'avait pas trouvée seul. Elle n'appartenait pas à son vocabulaire.

Ainsi certaines femmes révèlent parfois de nouvelles relations en se mettant brusquement à parler de marine marchande ou de cylindrées parce qu'elles fréquentent un marin ou un coureur automobile.

La Directrice aussi avait suggéré que j'étais peut-être somnambule... Ni somnambule ni dédoublée, je pensai que, quelle que fût l'ami-

---

1. Pierre Mendès France, Gaston Defferre, Simon Nora et Georges Izard.

tié que me portaient ces quatre personnes, c'est à Jean-Jacques qu'elles feraient crédit, même si, par délicatesse, elles me diraient le contraire. N'est-on pas toujours tenté de croire que la raison est du côté de l'homme et la passion du côté de la femme lorsqu'un conflit éclate qui oppose leurs thèses ? (J'avais tort d'ailleurs. Les intéressés me l'ont prouvé par la suite.)

Mais, alors que je n'avais jamais été dupe des sourires de la Directrice, je découvris avec stupeur de la duplicité en Jean-Jacques. En même temps qu'il m'assurait d'un amour à toute épreuve, il avait recueilli à mon sujet le pire, m'espionnant, s'introduisant chez moi en mon absence sous prétexte de fleurir ma chambre, fouillant mes papiers, mes tiroirs, se conduisant enfin en policier stalinien qui commence par élaborer sa vérité puis qui retient seulement ce qui peut l'appuyer. Sa bonne foi n'était pas douteuse. Il croyait ce qu'il disait. Les staliniens s'en persuadaient aussi. Mais Jean-Jacques était le seul être humain dont je pensais que le mal ne pourrait jamais me venir délibérément. Je le pense encore. Cette semaine-là, il avait été tiré hors de lui-même. Pendant qu'il parlait, j'essayais d'imaginer ce que j'aurais fait, moi, à sa place. J'aurais dit : « On m'a rapporté ceci sur vous, Jean-Jacques. Je vous le raconte parce qu'il n'y a jamais eu d'ombre entre nous, et qu'il ne peut pas y en avoir. Quoi que vous répondiez, je vous croirai et nous n'en parlerons plus. »

Mais moi, j'avais été conditionnée coupable,

et lui justicier. Moi, je ne m'aimais pas, et lui s'aimait. Moi, j'étais libre de tous spectateurs. Lui était attendu en coulisses pour recevoir le baiser du vainqueur.

Je ne pouvais pas plus me mettre à sa place qu'il ne pouvait se mettre à la mienne.

Alors, la vieille cicatrice s'est ouverte, les vieux réflexes ont joué. Le sourire humble, le bégaiement, la prostration, l'âcre satisfaction de comprendre les motivations du bourreau, le baluchon sur l'épaule.

Lui me regardait, blême comme ces assassins novices qui viennent de décharger leur revolver parce qu'un bruit leur a fait croire qu'ils étaient menacés et qui voudraient tellement, ensuite, que le cadavre bouge.

Nul doute, c'était moi la coupable. Je lui compliquais la vie. La place, chaque jour plus étroite, que j'avais cru un si long temps avoir trouvée grâce à lui en ce monde n'était même plus un strapontin. C'était un pliant, et Jean-Jacques le refermait, de telle sorte que je me sentis non seulement coupable d'être mais d'avoir été, stupide d'avoir eu confiance en la solidité d'un homme ébranlé par la terrible épreuve de la psychanalyse, lâche d'avoir préféré le souffrir plutôt que le faire souffrir, traître enfin à l'androgyne, à la fille mâtinée de garçon qui avait su ne jamais permettre à un homme de l'enchaîner.

À la fille, Jean-Jacques aurait pu, je le crains, faire tout endurer sans qu'elle se rebellât. Mais ce jour-là c'est le garçon que, d'agissements malheureux, il blessa.

Au poignet une chaîne, au doigt un anneau qu'il m'avait donnés et auxquels nous avions attaché l'un et l'autre une valeur symbolique... Incroyable ! Enchaînée, moi, et traitée comme une esclave sournoise. Je lui mis chaîne et anneau dans les mains en pensant, bassement : « Qu'il en fasse ce qu'il voudra... Une bague de fiançailles pour quelqu'un d'autre. Il n'y a pas de petites économies. »

Je n'avais jamais pensé ou agi bassement au sujet de Jean-Jacques et voilà que j'en arrivais, là aussi, à cette abdication écœurante à la dignité intérieure. Allons, il était temps d'en finir avec cette mignonne que j'étais devenue...

J'avais encore deux rendez-vous dans la soirée. Je m'y rendis, ce n'était pas une raison,
parce que j'avais décidé de reprendre ma liberté
et d'en user suprêmement en passant de la vie
à la mort, pour être grossière. Les rendez-vous
des jours suivants, je priai ma secrétaire de les
annuler, prétextant un voyage imprévu. Puis je
rentrai chez moi, je mis de l'ordre dans mes
papiers, je laissai des instructions pour que l'on
ne pénètre pas dans ma chambre avant le lendemain soir, disant que j'étais souffrante, que
j'avais décroché le téléphone pour qu'on me lais-
sât la paix, que je souhaitais dormir longtemps.
Et j'absorbai ce qu'il fallait pour m'endormir
définitivement[1], en prenant soin de faire disparaître tout ce qui pouvait me dénoncer. Je
savais que mon médecin, quand on l'alerterait,
comprendrait et me ferait l'amitié de me reconnaître victime d'un accident cardiaque. Mais si
l'on me trouvait respirant encore, il ne fallait

1. Du Gardénal.

pas qu'il pût m'administrer d'antidote. Je ne craignais d'ailleurs guère cette éventualité : la porte de ma chambre était bloquée par un verrou intérieur inviolable.

J'ai fait ma toilette et je me suis couchée, comme d'habitude. J'ai éteint la lumière, comme d'habitude. Et j'ai pensé à ceux que j'aimais. Ils m'avaient connue forte, gaie... Je préférais leur laisser de moi cette image et qu'ils ignorent toujours dans quel camp de concentration j'avais vécu ces derniers mois. Mes enfants... Matériellement, ils pouvaient maintenant se passer de mon appui. J'avais souvent nui à leur bonheur, et je risquais de le faire encore. Mais à voir les résultats obtenus par les parents unis et les mères noblement sacrifiées à leur progéniture, j'avais le sentiment d'avoir, par d'autres voies, fait quelquefois aussi mal, pas plus. J'aurais voulu leur expliquer ; ils étaient capables de comprendre qu'une mère cassée les accablerait plus qu'elle ne les soutiendrait, qu'une mère morose est un fléau que j'avais toujours essayé de leur épargner. Mais comment ne pas ébranler leur jeune confiance dans l'avenir ? Comment leur faire admettre que ma volonté de suicide n'était pas calomnie à la vie, négation du bonheur possible ? Au contraire, aveu d'un bonheur totalement et longuement vécu dont, simplement, je ne me sentais plus capable que de reconstituer une mauvaise copie, par excès de fatigue peut-être, ou faute d'imagination. À qui fait-on croire que l'on meurt plus facilement d'avoir été trop heureux que trop malheureux ? La crise cardiaque, c'était mieux.

J'ai pensé à ma mère qui, pour une fois, n'aurait pas compris. Elle n'avait pas été contaminée par la « peste ». Jusqu'au bout elle avait pensé en termes de morale : un homme qui enlève une femme à son mari lui doit protection ; s'il se soustrait à sa responsabilité, il est méprisable ; point à la ligne. Je ne l'aurais pas convaincue. Elle aurait méprisé Jean-Jacques avec d'autant plus de force qu'elle le portait aux nues comme s'il eût été son propre fils. Instruite de la pièce montée qu'il avait avalée, elle aurait été capable de le maudire, tout simplement. Elle croyait fermement à l'efficacité de ses malédictions parce que, à trois reprises, le malheur s'était abattu sur ceux qui avaient nui à qui elle aimait.

Elle était morte confiante en Jean-Jacques et le bénissant.

Je préférais cela. Au fond du petit cimetière de campagne[1] où j'allais enfin reposer auprès d'elle et de mon père, nous ne serions plus que cendres mêlées, impuissantes à protéger comme à porter ombre aux vivants.

Quelques semaines avant de disparaître, elle avait dit à la mère de Jean-Jacques : « Je vous confie ma fille. » En sortant de chez lui, j'avais été spontanément jusqu'à la porte de Mme Servan-

---

1. À Oinville-sur-Montcient, près de Meulan, dont Brigitte Gros, sœur de J.J.S.S., était maire.

Schreiber. Elle comprenait les êtres et les choses ; elle m'avait souvent prouvé, sans bruit, la qualité et la chaleur de son affection ; je crois qu'elle ne m'aurait pas inutilement interrogée si je lui avais dit à mon tour : « Je vous confie ma fille. »

Mais elle était en voyage, très loin, en Asie.

J'ai pensé aussi à deux robes que j'avais commandées, une noire et une blanche, et que Jean-Jacques ne verrait jamais. J'ai pensé que j'avais bien aimé Jean-Jacques, très bien, et qu'elle était triste la fin qu'il avait donnée à l'histoire. Mais y a-t-il de belles histoires qui finissent gaiement ? Tout de même, c'était dommage.

J'ai pensé encore que, pour la première fois depuis bien longtemps, j'avais décroché mon téléphone bien que ce fût mercredi soir[1]. C'est dans la nuit du mercredi que le téléphone sonnait parfois pour annoncer : « *L'Express* est saisi. » Mais le jeudi était un bon jour pour mourir. On le saurait dans la soirée. On en parlerait le vendredi matin, et cela perturberait un peu le travail, au journal. Mais le vendredi, ce n'était pas grave. Servan-Schreiber ferait un petit discours bien tourné pour saluer en termes émus ma mémoire. Certains seraient tristes, tristes dans leur cœur, lui le premier. Mais le lundi, la semaine de travail reprendrait normalement. Oui, le jeudi était un bon jour pour mourir.

1. Le 11 mai 1960.

J'ai pensé enfin que je ne saurais jamais comment la guerre d'Algérie se terminerait et que j'avais peut-être, une fois de plus, de la chance de finir ainsi, tranquillement, dans mon lit. Puis je me suis endormie, la conscience en paix. Je débarrassais le plancher. Je croyais avoir réussi le crime parfait.

Mais quelque chose avait vibré autour de moi, ce jour là, qui devait être troublant puisque la dame avec laquelle j'avais eu, à six heures trente, le plus paisible des entretiens raconta ensuite :

« J'ai éprouvé un tel malaise après l'avoir quittée que j'ai dû aller m'étendre. »

Et Jean-Jacques, une fois victorieux et libre d'annoncer : « Communication terminée, circuit libre », avait songé à se mettre en règle avec la société. Que le droit fût de son côté, il n'en a certes pas douté. Il n'en doutait jamais. Il était le droit. Mais il ne fallait pas qu'un mauvais esprit pût un jour lui reprocher de s'être conduit comme ces propriétaires qui expulsent, forts de leurs droits, des locataires un jour de pluie.

Suis-je aveugle en interprétant ainsi sa démarche ? Je ne crois pas. Jean-Jacques n'a pas eu peur pour moi, Jean-Jacques a eu peur pour lui parce que j'ai dit, très bas, avant de le quitter : « Vous avez fait de moi une femme perdue... » et qu'il me savait peu encline à l'inflation verbale.

Et il a appelé mon médecin, avec lequel il

me savait liée d'amitié, pour l'inviter à prendre contact avec moi[1].

C'est le seul reproche que je me sente aujourd'hui fondée à lui adresser ; c'est la seule circonstance où il m'a déçue.

Jean-Jacques a manqué ce soir-là tant à l'amour qu'au courage. Et il a rompu notre contrat. J'avais respecté la façon dont il entendait atteindre à la paix. Il n'a pas su respecter la façon dont j'entendais entrer dans la paix. De cela et de rien d'autre, il porte à mes yeux la responsabilité.

De la suite des événements, je ne sais que ce que l'on m'en a raconté. Troublé par l'agitation suspecte de Jean-Jacques, mon médecin s'est dérangé. Il est venu jusque chez moi. C'était le jeudi, en fin de matinée.

On lui dit que j'avais été souffrante, que je souhaitais n'être pas réveillée. Il s'est inquiété. Il a voulu ouvrir ma porte. En la trouvant bloquée, il s'est inquiété davantage, il s'est inquiété tout à fait. Pourquoi s'est-il souvenu que cette porte était irréductible mais que, entre ma chambre et celle qu'avait occupée ma mère, j'avais fait amincir la cloison pour entendre son appel, la nuit ?

Il a demandé la collaboration de deux hom-

---

1. En réalité, c'est Sabine de Fouquières, sa future épouse, qui, saisie d'une intuition, dit à Jean-Jacques d'appeler chez Françoise. Comme son téléphone était occupé, elle insista pour qu'il joigne quelqu'un d'autre… Le médecin de Françoise qui se déplaça était le Dr Grégoire Eliachevitch.

mes forts et discrets[1]. À eux trois, ils ont défoncé la cloison. Si j'ai bien compris ce que l'on m'en a dit, j'étais morte. Mais — ce que j'ignorais — les techniciens de la réanimation savent aujourd'hui réveiller les morts. Il fallait seulement en trouver un et atteindre la clinique où il opérait avant qu'il fût impuissant.

Pendant ce temps-là, je n'existais plus. Ce n'est pas très honnête de profiter de votre absence pour vous obliger à vous réintégrer vous-même, mais c'est le métier des médecins. À eux, on ne peut pas faire grief.

Ils se sont acharnés pendant trois jours de coma, puis pendant des jours et des jours. J'ai les notes horaires des infirmières qui les ont secondés. C'est intéressant, objectivement. Un bon sujet d'article médical.

Je peux, subjectivement, dire que l'on est très bien, mort. On n'est pas. Et que l'on est très mal, à demi mort. Très mal, puis mal, puis plus jamais bien pendant un jour entier même lorsqu'on a été « une force de la nature »...

1. Louis Fournier, ancien capitaine de J.J.S.S. en Algérie, et Lucien, son chauffeur.

Le sort a de l'humour ; le dernier article qui a été écrit à mon sujet, dans un magazine étranger, s'intitulait : *Une femme en bonne santé.*

Coma, demi-coma, quart de coma, plus d'yeux pour voir, sens tactile émoussé, réflexes troublés, tentatives aveugles pour dérober un couteau, pour briser un verre et le frotter contre la carotide, contre les veines du poignet — mais la surveillance est incessante —, piqûre à droite, piqûre à gauche, piqûre encore, jours enchaînant sur les nuits, et nuits sur les jours sans que rien distingue le jour de la nuit, heures s'ajoutant aux heures sans autre tâche que de cheminer à travers soi-même et de reconstituer inlassablement, mouvement par mouvement, mot par mot, ce que l'on a vécu, ce que l'on ne veut plus vivre, ce qui vous a projeté hors de la vie et vous interdit de vouloir y rentrer, cela ne se mesure pas avec le temps des vivants.

À intervalles réguliers, quelqu'un dont je ne pouvais discerner les traits, mais dont la voix

me parvenait, me prenait la main et m'interro-
geait. Je répondais. C'était un médecin.

Il sut très vite que les interprétations diverses
que l'on donnait de mon geste étaient inadé-
quates car, en m'interrogeant en état de semi-
connaissance, il avait eu accès à ces zones pro-
fondes où gît la vérité. Il m'écouta longtemps ;
j'étais sans défense, donc sans masque et je ne
pouvais parler qu'en pleurant. Lorsqu'il me rendit
le bout du fil rouge que je lui avais, du fond de
la nuit où j'étais, involontairement remis, ce fut
pour me conseiller de ne pas le perdre mais de
poursuivre, au contraire, le très pénible effort
de tirer dessus pour que la bobine continue à se
dérouler.

C'est ce que j'ai fait ; c'est ce que je fais.
C'est difficile et, parfois, c'est douloureux.
Est-ce salubre ? Je ne sais pas. Je le crois, l'effort
de la vérité est toujours salubre. Je ne surestime
pas cependant la valeur de cette entreprise. Elle
risque d'être superficielle, comme l'est souvent
ce que je fais, parce que je vais trop vite, parce
que je crois toujours avoir compris et que,
parfois, je comprends de travers. Mais depuis le
jour où, allongée sur un lit de clinique où me
retenait une fièvre inexplicable et inexpliquée,
qui ressemblait fort à une défense que je sécré-
tais pour demeurer là, protégée, j'ai commencé
à chercher le pourquoi de moi-même, je me
conduis un peu plus sainement.

Les visiteurs qui, peu à peu, ont été autorisés
à pénétrer dans ma chambre, j'ai admis que,

peut-être, ils m'aimaient. Pas pour eux, puisque je n'avais rien à donner que le spectacle d'une grande faiblesse, pour moi. Ils ne me demandaient rien, ils m'apportaient ; ils ne m'agressaient pas, ils me protégeaient ; ils se souciaient de moi, de ce que j'allais devenir, ils avaient l'air de croire que j'avais, comme eux, une place dans le monde qu'il ne fallait plus déserter, et je disais : « Peut-être... »

Ils pensaient à tout, à payer le tiers provisionnel de mes impôts, à emmener ma fille en vacances, à m'assurer la sécurité matérielle nécessaire avant que je puisse reprendre une activité professionnelle. Et ce capiton de sollicitude, j'avais envie de l'accepter, je l'acceptais, timidement, mais de façon perceptible pour moi. Je ne me sentais plus, à chaque minute, coupable d'être, et d'être gênante.

Trois de mes visiteurs, hommes de caractère et d'action, connus pour tels, me confièrent successivement qu'eux aussi, un jour, avaient voulu reprendre leur liberté pour des motifs analogues : effondrement existentiel, longue coïncidence entre un deuil, un désamour et la désagrégation de leur vie professionnelle. Contraints de survivre, ils avaient reconstruit. Et ils savaient, eux, de quoi ils parlaient quand ils disaient : « Ce sera long, très long. Soyez patiente. Vous reconstruirez aussi. » Ils avaient, en toute lucidité, franchi la même frontière que moi et ils savaient que du pays du non-espoir on revient toujours les mains vides. Ils ne me traitaient pas comme quelqu'un qui a eu un accident d'automobile et qui, se réveillant, retrouve, plus vifs encore, le plaisir et le goût de vivre.

Parce que ces hommes étaient entre tous estimables, ils me permirent, en assimilant mon geste au leur, de me déculpabiliser un peu.

Une nuit, je parvins même à réveiller ma garde pour lui demander un peu d'eau. Depuis ma plus petite enfance, je n'avais jamais été capable d'accomplir un geste similaire.

Quand je le racontai au médecin qui me soignait, il me dit : « Vous avez eu, madame, une idée géniale de vous suicider. Je serais encore plus content si vous m'annonciez que vous songez à vous faire entretenir. »

Il est un peu tard pour entreprendre cette carrière-là, bien qu'il refuse poliment d'en convenir. Passe encore d'exercer, mais débuter...

Je lui ai répondu que je préférais devenir rapidement une femme hors d'âge, ne portant sur son visage que la lumière de la paix.

Il m'a demandé :

— Votre mère était ainsi ?

— Oui.

— Alors comprenez qu'en disant cela, vous cherchez une nouvelle façon de vous identifier à elle et de mourir. Vous ne pourriez pas vous préoccuper un peu de vivre ?

Je m'en occupe, au point que c'en est dégoûtant. Il y a des limites à l'intérêt que l'on peut se porter. Pensez à vous, soignez-vous, pesez-vous...

Avez-vous procédé à cet examen et à celui-là, avez-vous vu le radiologue, dormez-vous ? Ne faites rien qui exige un effort, considérez-vous comme un grand blessé qui a une plaie profonde à la tête et douze points de suture tout frais ! Vous ne sortiriez pas sans bandage. Mettez un bandage et, surtout, ne le rendez pas invisible, au contraire. Que chacun se dise en vous voyant : « Voilà quelqu'un qu'il faut prendre garde de ne pas heurter, et que je vais aider à marcher pour qu'il ne trébuche pas. » Soyez simple, acceptez d'être faible, acceptez que l'on vous aide...

Bon. C'est là, pour le moment, mon travail. Venir à bout de ce tremblement intérieur qui va parfois jusqu'au tremblement visible, combattre ce froid qui me glace parfois même sous le soleil, chassez le Mal qui est en moi, exorciser les fantômes, devenir libre d'eux pour l'être de moi-même. Me souffrir, quelquefois, remorquée et non remorqueur.

C'est malaisé, car il y faut de l'humilité et je n'en déborde pas. Pour le moment, la faiblesse y pourvoit et me remet, lorsque je prétends m'en évader, dans le droit chemin. Le difficile est de réduire les motifs de cette faiblesse sans retourner à l'orgueil, qui est volonté de ne dépendre que de soi, donc de se punir de toutes les fautes, y compris celles des autres.

Pour refaire mes forces, j'ai pris quelques mesures d'hygiène. Les circonstances m'y ont aidée. Si j'en avais eu les moyens, j'aurais renouvelé toute ma garde-robe ; c'était l'été. Je l'ai réduite à des maillots de bain. Un jeune homme de seize ans, d'excellente famille bourgeoise, a eu l'heureuse initiative de voler ma voiture et de la rendre inutilisable. Un propriétaire mal luné m'a obligée à déménager.

Pour le reste, j'ai fait le plus qu'il était possible : m'éloigner de Paris, détruire ou donner certains objets, déchirer certaines photos. Ainsi, quand un verre se brise, on balaye pour ne pas se blesser. Je balaye, et chaque fois qu'un éclat négligé m'écorche, je le jette après avoir bien nettoyé la plaie. Pour n'en pas trouver à chaque pas, j'ai été plus loin, hors de France. Dans l'île vierge de réminiscences où j'ai cherché refuge et où je termine ce récit, je lis de préférence les journaux étrangers, informateurs sans visage et sans résonance. Nul ne sait qui je suis. On ne m'interroge ni sur le passé ni sur l'avenir, on ne m'agresse ni l'esprit, ni le cœur, ni les sens.

Ceux qui remarquent une jeune femme un peu sauvage — jeune ? Vous l'avez vue de près ? Et de dos lorsqu'elle oublie de se tenir droite, ou qu'elle n'y parvient pas —, couleur de pain brûlé, visage et lèvres nues, hanches étroites et torse lourd, petites nattes sur les épaules, qui tape à la machine sur sa terrasse et qui d'un crawl sans style et sans puissance s'éloigne parfois un peu trop du rivage, n'ont pas pouvoir de la faire trembler et lever le bras pour se protéger. Je n'ai aucune idée de ce qu'elle deviendra lorsqu'il lui faudra rentrer à Paris : quels éclats de verre pourront encore l'écorcher et jusques à quand ? Et qui l'emportera de cette étrange et nouvelle lassitude qui lui décompose parfois les traits — ou de cette étrange et nouvelle gaieté sereine qui brusquement la recompose...

Pourquoi l'a-t-on sauvée ? Franchement, c'est bête. Cette façon d'en terminer avec soi-même était esthétique. De la culpabilité à la peine de mort, elle avait bouclé la boucle, et la place était immense où elle allait pouvoir reposer sa tête. C'est raté. Bon. Le temps d'errer est donc revenu. Est-elle récupérable ?

Elle regrette parfois de n'être pas méchante. (Elle n'est pas bonne non plus. Les femmes sont rarement bonnes. Elles aiment ou elles n'aiment pas.) Rien ne tient plus vivant, plus aigu, plus jeune que la méchanceté. De toutes les passions c'est — avec l'avarice — celle que l'on peut le plus facilement et le plus longtemps assouvir. Les méchants et les avares ne se suicident jamais. Mais, au-delà d'une mince écume qui trouble parfois le visage de l'un ou de l'autre, elle est sans passion, et sans amertume.

La vie, c'est la guerre. Elle fait mieux la paix, mais quand on lui fait la guerre, elle ne craint pas la défaite. La victoire n'est jamais fidèle. Si l'on s'assied au bord du fleuve, on finit toujours par voir passer le cadavre de l'ennemi. Encore faut-il, pour le souhaiter, avoir un ennemi hors soi-même.

Elle sait qu'elle ne chassera pas le Mal de ce monde. Il y a longtemps qu'elle s'en doutait.

Mais quand l'alibi s'écroule… « Le vent se lève, il faut tenter de vivre[1]. » Elle ne chassera pas le Mal de ce monde mais je crains qu'elle ne sache pas, pour autant, renoncer à chercher le dragon et à tenter, toujours, de lui couper l'oreille. Où est-il ? Il a passé par ici, il repassera par là, il court, il court. Elle le retrouvera. Inutile de se bousculer. On le retrouve toujours, plus aisément qu'une lance pour le combattre, et que la force de partir en guerre sans avoir devant qui s'agenouiller au retour pour dire : « Voilà l'oreille du dragon… Elle repoussera. J'y retournerai. »

Est-elle encore capable de faire un bon soldat ? Je la connais un peu. Elle acceptera tout, même l'infanterie. Elle sait travailler ; elle peut diriger, mais aussi obéir ; elle aime le luxe, mais elle s'en fout. Le confort, il lui en faut un peu maintenant qu'elle est abîmée, mais sa puissance de travail est encore supérieure à celle de la plupart des bien portants. Elle ne craint pas la mort, elle est sans servitude. Elle souffre seulement d'une impuissance congénitale à déguiser les bœufs en dragons, et les dragons en bœufs.

Quand on vit sans foi, il reste, c'est vrai, les plaisirs. Elle en use ; elle en usera. Mais elle ne sait pas encore ne vivre que de plaisirs. Apprend-on ? Même lorsqu'elle fend la mer et que chaque centimètre carré de sa peau se durcit de joie et que chacun de ses muscles s'allonge

1. Paul Valéry, *Le Cimetière marin.*

et qu'elle va jusqu'au faîte de ce plaisir-là, elle aime la mer parce que la mer est infinie et qu'elle va ainsi vers l'infini. Il faut accepter cela quand on est à demi garçon.

Pour le moment, je n'ai rien de plus à dire à son sujet. À parler de soi, on peut s'éterniser. Je vois bien que j'ai oublié ceci, et cela, et cela encore. Est-ce important ? Comment savoir ce qui est important. Le mieux est de décider, aujourd'hui, que la cure de passé est terminée, que le jour est venu de prendre billet pour l'avenir.

Un mot encore. Ce récit ne compte que les transpositions indispensables pour ne pas porter atteinte à d'autres. Je n'ai pas triché, du moins volontairement. Et j'ai gratté, j'ai creusé le plus loin que j'ai pu. De cette exploration, j'aurais préféré tirer un roman qui m'eût donné licence d'en développer certains aspects ou certains acteurs, y introduire certaines personnes, sans attenter à leur tranquillité.

Mais comment fait-on un roman ? J'ai essayé. Sous cette forme, je n'ai pas pu. Dès que j'aborde en ce moment la fiction, il me semble que j'écris faux comme d'autres parlent faux.

Baptiser *L'Express* du nom de *Télégraphe* et me peindre en Ophélie ? Employé par d'autres, ce maquillage m'a souvent paru déplaisant pour ce qu'il autorise d'hypocrites commodités.

Quant à l'art romanesque authentique, transfiguration et non camouflage, je n'ai pas su y atteindre. Et j'aime trop la bonne littérature pour ajouter de plein gré à la mauvaise. Ceux qui auront lu ce récit jusqu'ici savent déjà qu'il ne ressortit pas à la littérature. C'est, simplement, un reportage : l'histoire d'une femme libre.

La Fossette-juillet 60
Capri-septembre 60

Épilogue

Un an après sa tentative de suicide, en mai 1961, Jean-Jacques Servan-Schreiber proposa à Françoise Giroud de reprendre la direction de *L'Express*, qu'elle assura, sauf quand elle fut ministre, jusqu'à son rachat par Jimmy Goldsmith en 1977 — la seule chose qu'elle ne lui pardonna jamais.

A.S.-A

DU MÊME AUTEUR

Aux Éditions Gallimard

FRANÇOISE GIROUD VOUS PRÉSENTE LE TOUT-PARIS, coll. « L'air du temps », 1952 (nouvelle édition augmentée d'une préface de Roger Grenier, 2013).

NOUVEAUX PORTRAITS, coll. « L'air du temps », 1954.

LA NOUVELLE VAGUE. PORTRAITS DE LA JEUNESSE, coll. « L'air du temps », 1958.

PORTRAITS SANS RETOUCHE, « Folio » n° 3486, 2001.

HISTOIRE D'UNE FEMME LIBRE, 2013, « Folio » n° XXX.

Aux Éditions Fayard

LA COMÉDIE DU POUVOIR, 1977 ; LGF/Le Livre de Poche, 1979.

UNE FEMME HONORABLE, MARIE CURIE, 1981 ; LGF/Le Livre de Poche, 1982.

LEÇONS PARTICULIÈRES, 1990 ; LGF/Le Livre de Poche, 1992.

ARTHUR OU LE BONHEUR DE VIVRE, 1997.

LES FRANÇAISES, 1999.

LA RUMEUR DU MONDE, JOURNAL 1997 ET 1998, 1999.

HISTOIRES (PRESQUE) VRAIES, 2000.

C'EST ARRIVÉ HIER, 2000.

ON NE PEUT PAS ÊTRE HEUREUX TOUT LE TEMPS, 2001.

LOU : HISTOIRE D'UNE FEMME LIBRE, 2002 ; LGF, 2008.

DEMAIN, DÉJÀ, JOURNAL 2002-2003, 2003 ; LGF, 2005.

LES TACHES DU LÉOPARD, 2003.

Aux Éditions Plon-Fayard

CŒUR DE TIGRE, 1995 ; Pocket, 1997.

COSIMA LA SUBLIME, 1996 ; Pocket, 1998.

Aux Éditions du Seuil

LE JOURNAL D'UNE PARISIENNE, 1994 ; coll. « Points », 1995.
CHIENNE D'ANNÉE : 1995, JOURNAL D'UNE PARI-SIENNE *(vol. 2)*, 1996.
GAIS-Z-ET-CONTENTS : 1996, JOURNAL D'UNE PARI-SIENNE *(vol. 3)*, 1997.

Aux Éditions Grasset

CE QUE JE CROIS, 1978 ; LGF/Le Livre de Poche, 1979.
MON TRÈS CHER AMOUR..., 1994 ; LGF, 1996.
DEUX ET DEUX FONT TROIS, 1998 ; LGF, 2000.

Aux Éditions Hachette Littératures

PROFESSION JOURNALISTE. CONVERSATIONS AVEC MARTINE DE RABAUDY, 2001 ; LGF, 2003.

Aux Éditions Robert Laffont

ALMA MAHLER OU L'ART D'ÊTRE AIMÉE, 1988 ; Presses-Pocket, 1989.
JENNY MARX OU LA FEMME DU DIABLE, 1992 ; Ferryane, 1992 ; Presses-Pocket, 1993.
UNE POIGNÉE D'EAU, 1973.

Aux Éditions Orban

LES HOMMES ET LES FEMMES *(avec Bernard-Henri Lévy)*, 1993 ; LGF, 1994.

Aux Éditions Maren Sell

ÉCOUTEZ-MOI : PARIS-BERLIN, ALLER RETOUR *(avec Günter Grass)*, 1988 ; Presses-Pocket, 1990.

Aux Éditions du Regard

CHRISTIAN DIOR, 1987.

Aux Éditions Mazarine

LE BON PLAISIR, 1983 ; LGF/Le Livre de Poche, 1984.

Aux Éditions Stock

SI JE MENS, 1972 ; LGF/Le Livre de Poche, 1973.

Composition Nord Compo
Impression Novoprint
à Barcelone, le 16 janvier 2015
Dépôt légal : janvier 2015

ISBN 978-2-07-046245-2/. Imprimé en Espagne.